Table des matières

Chapitres

Ceci n’est pas

une

carte de visite

Plus qu'une carte de visite,
plus qu'un livre :

C’est une empreinte indélébile dans le monde professionnel

Muriel Dessy

Dédicace

Je dédie ce livre tout particulièrement à celles et ceux qui aspirent à l'entrepreneuriat, naviguent à travers une transition professionnelle, sont jeunes diplômé(e)s. Également aux entrepreneur(e)s en quête de motivation ou cherchant à valoriser leur expertise; à celles et ceux qui désirent tenter l'écriture d'un premier livre, ou souhaitent simplement cultiver leur créativité et innovation. Si ce livre a trouvé son chemin jusqu'à vous, c'est un signe que le moment est, sans aucun doute, venu de vous lancer et de transformer l'idée d'écrire votre propre livre en une réalité.

Préface

Conseiller d'entreprise spécialisé dans la prise de décisions stratégiques depuis plus de trente ans, je suis particulièrement fier de compter Muriel Dessy parmi mes amis depuis de longues années.

Il existe des moments dans la vie où nous avons besoin d'une boussole, d'une lumière qui éclaire notre chemin dans le dédale parfois complexe du monde professionnel de la communication. Dans ces moments-là, nous avons la chance de croiser des guides, des mentors qui, par leur expérience, leur sagesse et leur générosité, nous offrent une précieuse carte pour naviguer avec assurance.

C'est avec une immense joie que j'ai découvert le livre que vous tenez entre vos mains, écrit par mon amie Muriel. Dans ces pages, elle partage avec vous non seulement des conseils avisés et des stratégies éprouvées, mais aussi son propre parcours, fait de succès, de défis et de leçons apprises.

Ce livre, véritable guide professionnel est bien plus qu'un simple recueil de conseils pratiques. C'est le fruit d'années d'expérience, de recherche et de réflexion. C'est un compagnon de route pour tous ceux qui aspirent à exceller dans leur carrière, à surmonter les obstacles et à atteindre leurs objectifs professionnels avec confiance et détermination.

Ce livre vous guidera à travers les méandres du monde de l'entreprise, vous aidant à développer vos compétences, à renforcer votre leadership et à construire des relations fructueuses. Que vous soyez un jeune professionnel cherchant à faire ses premiers pas dans le monde de l'entrepreneuriat ou un cadre chevronné en quête de nouveaux défis, vous trouverez dans ces pages des conseils précieux pour vous aider à réussir votre communication.

En tant qu'ami et admirateur de l'auteure, je suis convaincu que ce livre sera une source d'inspiration et de motivation pour tous ceux qui auront la chance de le lire. Je vous invite donc à plonger sans plus attendre dans cet ouvrage exceptionnel et à laisser Muriel Dessy être votre guide vers le succès professionnel que vous méritez.

Bonne lecture et bon voyage sur le chemin de la réussite et de la communication.

Wolfgang Sievert

Avant-propos

Cher lecteur,

Chère lectrice,

Dans un monde professionnel dominé par l'éphémère, remplacer la traditionnelle carte de visite par un livre représente une démarche à la fois audacieuse et révolutionnaire. Ce choix nous incite à examiner avec plus de profondeur la qualité et la substance de nos interactions professionnelles. Un livre transcende la fonction basique d'une carte de visite ; il véhicule une vision, narre une histoire, et offre un aperçu de l'âme de son auteur(e). Il ouvre une porte sur la sphère créative et intellectuelle de celui ou celle qui le partage, enrichissant considérablement l'échange au-delà d'une simple transmission de coordonnées.

René Magritte, avec son œuvre "**Ceci n'est pas une pipe**", nous invite à un dialogue sur la représentation et la réalité. Cette affirmation souligne que notre perception et notre expression, que ce soit par l'art ou l'écriture, sont des interprétations, des abstractions de la réalité, et non la réalité elle-même.

En nommant mon livre "**Ceci n'est pas une carte de visite, c'est bien PLUS**", je prolonge cette interrogation à l'identité personnelle et professionnelle. À l'image de la pipe de Magritte qui n'en est pas une, la carte de visite ne fait qu'effleurer la surface de notre identité. Elle peut renseigner sur notre nom, notre métier, voire notre affiliation à une entreprise, mais reste insuffisante pour saisir l'essence véritable de la personne, ses passions, ses aspirations, ou les épreuves traversées.

Ce livre ambitionne d'aller au-delà de la simple fonctionnalité de la carte de visite. Plutôt que de confiner notre identité à quelques mots imprimés sur un morceau de papier, il se propose de révéler comment un ouvrage professionnel peut offrir une représentation bien plus riche et complète de soi. Dans cet esprit, j'ai fait le choix d'une écriture qui reflète une sensibilité à l'inclusivité des genres pour honorer la diversité et la richesse des identités. Bien que les règles grammaticales traditionnelles accordent encore la primauté au masculin, je me suis efforcée, dans cet ouvrage, d'embrasser une approche plus équilibrée, reflétant ainsi les évolutions de notre société vers plus d'égalité et de reconnaissance de toutes et tous.

Ce livre se veut un moyen puissant de se présenter, de partager son expertise et d'établir des relations

enrichissantes. Il est bien plus qu'un titre ; c'est une invitation à reconsidérer la manière dont nous choisissons de nous révéler dans le monde professionnel.

Je vous souhaite une belle découverte.

Muriel

Chapitre 1

Le livre vs la carte de visite classique

Offrir un livre en guise de carte de visite est une démarche élégante qui ouvre les portes de votre univers personnel à votre interlocuteur(rice). Cela invite à une exploration profonde de vos idées, aspirations, ambitions et vision du monde, offrant un aperçu bien plus enrichissant que ce qu'une carte de visite traditionnelle peut proposer. Ce faisant, le livre devient un moyen de communication puissant, établissant un lien authentique et riche de sens entre vous et vos lecteur(rice)s.

En choisissant de vous présenter à travers un livre, vous optez pour le partage de votre parcours personnel et professionnel sous forme narrative, plutôt que de vous limiter à la transmission d'informations fonctionnelles. Chaque page et chaque chapitre devient une invitation à découvrir une nouvelle facette de vous-même, à entamer une conversation intime avec celui ou celle qui le lit. Ainsi, le livre crée un véritable pont entre les cœurs et les esprits, favorisant une connexion bien plus profonde et pérenne que celle établie par une simple carte de visite.

La magie d'un livre réside dans sa capacité unique à forger des liens durables et intimes. Il dépasse largement la simple transmission d'informations pour se faire le vecteur de vos histoires et idées, créant une connexion solide et significative entre vous et vos lecteur(rice)s. Un livre laisse une empreinte durable, s'ancrant profondément dans la mémoire collective, bien au-delà de l'éphémère nature des cartes de visite.

Dans notre monde numérique actuel, où l'information est omniprésente mais rapidement oubliée, se distinguer représente un véritable défi. L'offre d'un livre en tant que carte de visite émerge comme une lumière dans l'obscurité, proposant un canal de communication bien plus profond et plus enrichissant. Ce choix vous invite à plonger non seulement dans vos réalisations et compétences, mais aussi dans l'essence même de votre être. Il promet un voyage partagé dans un espace où les idées et les rêves se rencontrent et se partagent librement, loin des limitations des formats de communication traditionnels.

Le livre, pensé comme une carte de visite, se révèle être une réponse audacieuse et novatrice aux défis de connexion authentique dans un monde hyperconnecté et superficiel. Il se distingue comme un phare d'unicité, offrant une façon mémorable de communiquer qui vous êtes, au-delà de ce que vous faites. En partageant un livre, vous conviez les autres à connaître non seulement votre travail, mais également à saisir vos motivations, vos inspirations, et ce qui vous anime véritablement. Le choix du livre va au-delà du simple échange d'informations professionnelles pour embrasser une narration riche de votre expérience vécue, ouvrant un dialogue nuancé. En faisant ce choix, vous invitez vos interlocuteur(rice)s à entrer dans l'espace intime de vos réflexions et de vos convictions, offrant un aperçu privilégié de votre univers. Cela reflète le désir de construire des connexions solides et significatives, fondées sur une compréhension mutuelle et un échange authentique.

Vous offrez par conséquent bien plus qu'un aperçu de votre vie professionnelle ; vous proposez une immersion dans ce qui constitue votre identité unique. Cette invitation à voyager à travers les pages de votre livre est une façon de partager votre passion, votre vision, invitant les lecteur(rice)s à voir le monde à travers vos yeux.

En transcendant la froideur impersonnelle d'une carte de visite, un livre initie un dialogue profond, éveille la curiosité et l'empathie. Il offre l'occasion de montrer non seulement votre expertise et votre professionnalisme mais aussi votre humanité, votre capacité à penser, à ressentir, à rêver. En partageant votre histoire, vous tissez des liens, établissant des réseaux de compréhension et de respect mutuels, basés sur bien plus que des compétences professionnelles. C'est une invitation à une exploration mutuelle, à un enrichissement réciproque à travers le prisme de vos expériences vécues.

Choisir un livre comme carte de visite révolutionne la manière dont vous êtes perçu(e) dès le tout premier contact. Cette démarche originale laisse une marque indélébile dans l'esprit des personnes que vous rencontrez, transformant chaque introduction en une expérience significative et mémorable. Le livre, de par sa nature, enrichit vos interactions pour toucher une corde émotionnelle et intellectuelle unique.

Au-delà d'être une simple originalité, l'utilisation d'un livre comme outil de présentation s'avère extrêmement efficace dans le monde réel du réseautage et du développement professionnel. Il agit comme un catalyseur de dialogues et de possibilités, ouvrant de nouveaux horizons dans les domaines du meetworking et du marketing. Dans un environnement professionnel où l'innovation et le courage de se distinguer sont souvent récompensés, le livre s'affirme comme un choix stratégique, vous permettant de vous démarquer dans un milieu hautement compétitif.

L'adoption d'un livre comme carte de visite est donc bien plus qu'une question de se distinguer visuellement ou conceptuellement ; c'est une invitation à engager la conversation à un niveau plus profond, à initier des échanges riches en sens et en potentiel. En partageant un livre, vous pavez la voie vers des collaborations futures, des discussions enrichissantes, et des relations professionnelles durables, ancrées dans le respect mutuel et l'intérêt partagé. C'est une manière de démontrer que vous êtes prêt(e) à investir dans vos relations professionnelles, en offrant une part de votre expérience et de votre vision du monde.

Chapitre 2

Accessibilité et inclusivité

Votre livre représente un pas vers une communication universelle, brisant les barrières culturelles et valorisant chaque individu. En le proposant en plusieurs langues, vous célébrez la richesse de la diversité, offrant à chaque personne la chance de se reconnaître dans vos propos. La disponibilité de formats variés, comme l'audio ou des éditions adaptées aux déficients visuels, illustre votre engagement à rendre votre message accessible à tous et toutes, invitant chacun(e) à plonger sans entrave dans votre univers.

Ce faisant, votre projet dépasse la simple diffusion d'informations pour se muer en un puissant catalyseur de rencontres et d'échanges. En rendant votre contenu accessible à une audience globale, vous facilitez un espace d'échange riche, où diverses expériences et visions se rencontrent et se célèbrent mutuellement.

Il est essentiel d'intégrer une variété de compétences et de vues, non seulement pour enrichir le discours mais aussi pour toucher un public plus large. Une stratégie efficace pour y parvenir est aussi, par exemple, d'ouvrir votre livre à des contributions extérieures, invitant des voix variées à partager leurs expériences et savoirs. Que ce soit à travers des chapitres rédigés par des invité(e)s, des témoignages ou des sections collaboratives, cette diversité transforme le livre en un miroir fidèle du monde professionnel actuel, vous offrant des perspectives élargies et pertinentes.

Adapter votre message à différentes cultures est crucial. Cela implique parfois d'ajuster le ton, les exemples, ou même la structure des idées pour qu'ils résonnent auprès d'une audience internationale. L'ambition est de surmonter les différences culturelles pour engager un dialogue vraiment universel.

Inclure des éléments interactifs ou multimédias, comme des liens vers des vidéos ou des podcasts, enrichit l'expérience de lecture.

Enfin, valoriser les retours des lecteur(rice)s est capital pour continuer à diversifier et à approfondir le contenu. Encourager une interaction régulière avec votre audience, via des forums en ligne ou des rencontres, permet d'absorber une multitude de perspectives. Cela contribue à l'évolution continue du livre, le rendant toujours plus pertinent et inclusif.

Chapitre 3

Surmonter l’impact sur la planète

Réfléchir à l'impact de l'utilisation d'un livre comme carte de visite nous amène à considérer non seulement les matériaux employés mais également la durabilité du contenu et les stratégies de distribution. L'objectif est de limiter notre empreinte environnementale tout en assurant que notre message garde une résonance profonde et durable.

Opter pour des matériaux écologiques est une première étape. L'utilisation de papier recyclé ou provenant de forêts gérées durablement, associée à des encres végétales, souligne le respect pour l'environnement. Ces choix démontrent un engagement clair en faveur de pratiques plus respectueuses de la planète.

Au-delà des matériaux, la création d'un contenu qui traverse le temps est fondamentale. Un livre dont le message et les enseignements restent pertinents au fil des années réduit le besoin de nouvelles éditions et favorise sa conservation et son partage prolongé. En visant une portée intemporelle, le livre devient un héritage, une source d'inspiration durable pour les lecteur(rice)s actuel(le)s et futur(e)s.

Privilégier une méthode de distribution de la main à la main renforce le lien personnel avec chaque lecteur(trice) et minimise aussi l'impact environnemental lié au transport. Cette simplicité dans la manière de partager le livre renforce l'intimité du geste et souligne l'importance de chaque rencontre.

Encourager le partage du livre est une autre façon de prolonger sa vie et de diffuser son message sans accroître son empreinte écologique. En invitant les lecteur(rice)s à passer le livre à une nouvelle personne lorsqu'il ne leur est plus utile, nous favorisons une circulation de connaissances et d'expériences qui enrichit et étend sa valeur bien au-delà de sa première lecture. Et, puisque nous mettons en pratique ce que nous prônons, c'est précisément ce que nous vous encourageons à faire avec ce livre : faites-le circuler. Ce geste simple nous soutiendra dans notre mission éducative, écologique, et même commerciale. En vous y engageant, vous assurez que ce livre poursuivra sa route, partageant son message avec encore plus de personnes.

Chapitre 4

La mise à jour

L'aspect de la mise à jour du contenu d'un livre utilisé comme carte de visite constitue un défi unique, surtout dans un monde professionnel en perpétuel changement. La question se pose : comment un livre, perçu comme un objet statique et durable, peut-il rester pertinent face aux changements incessants de notre environnement professionnel et personnel ?

Ce défi invite à une réflexion créative sur la façon dont nous pouvons concevoir des livres comme des entités évolutives, capables de s'adapter et de se renouveler au fil du temps.

Une stratégie pour aborder cette question est d'intégrer dans le livre des éléments qui peuvent être facilement actualisés. Par exemple, inclure un site web ou une plateforme numérique associée au livre où les lecteur(rice)s peuvent accéder à des mises à jour, des extensions de contenu, ou des discussions interactives. Cela permet au livre de servir de point de départ à une expérience en constante évolution, offrant aux lecteur(rice)s non seulement un aperçu de l'auteur(e) au moment de la publication mais aussi un accès continu à ses réflexions et innovations les plus récentes.

Envisager des formats modulaires pour le livre offre également une solution. Des sections ou des chapitres pourraient être conçus pour être remplacés ou ajoutés au fil du temps, à l'instar d'un classeur. Cette approche nécessiterait une conception physique innovante, mais elle pourrait transformer le livre en un objet vivant, reflétant le dynamisme et l'évolution de l'auteur(e).

Par ailleurs, l'engagement envers une communication continue avec les lecteur(rice)s contribue à maintenir le livre pertinent. L'auteur(e) peut organiser des webinaires, des ateliers, ou des séances de questions/réponses régulières pour compléter le contenu du livre, créant ainsi une communauté autour des sujets abordés. Ces interactions génèrent à leur tour du contenu supplémentaire qui peut être intégré dans des éditions futures ou partagé en ligne, assurant que le livre comme carte de visite reste un reflet actuel de l'expertise et des intérêts de l'auteur(e).

Finalement, la question de la mise à jour du contenu nous pousse à repenser le livre non comme un objet fini mais comme le début d'un dialogue permanent avec le lecteur(rice).

En adoptant des stratégies innovantes pour l'actualisation du contenu, le livre devient un vecteur de partage de connaissances et d'expériences qui évolue avec son auteur(e) et sa communauté. Cela renforce le concept du livre comme carte de visite, soulignant son rôle non seulement comme un résumé statique de l'identité professionnelle de l'auteur(e), mais comme une invitation à participer à un échange enrichissant et constamment en amélioration.

Chapitre 5

Engagement post-lecture

Abordons maintenant la question de l'engagement post-lecture. Il est crucial de réfléchir aux moyens par lesquels le livre carte de visite peut non seulement initier des connections mais aussi nourrir et développer ces relations dans le temps. Un livre laisse une impression durable, nous l’avons compris, mais comment transforme-t-on cette impression initiale en un dialogue continu et en opportunités de collaboration concrètes ?

Pour encourager l'engagement après la lecture, l'inclusion d'invitations directes à l'action au sein du livre peut s'avérer particulièrement efficace. Ces appels à l'action pourraient prendre diverses formes, comme des invitations à rejoindre des forums en ligne dédiés à la discussion des thèmes abordés dans le livre, à s'inscrire à une newsletter pour recevoir des mises à jour et des contenus exclusifs, ou à participer à des événements virtuels ou physiques organisés par l'auteur(e). Ces initiatives créent des points de contact réguliers entre l'auteur(e) et ses lecteur(rice)s, facilitant ainsi le partage d'idées et le réseautage.

L'utilisation des médias sociaux et des plateformes numériques est une autre stratégie clé pour maintenir l'engagement. En associant le livre à une présence active en ligne, l'auteur(e) continue à dialoguer avec son public et recueille des retours sur le livre. Cela aide à construire une communauté engagée autour des sujets traités, transformant les lecteur(rice)s en véritables ambassadeur(rice)s de la marque personnelle de l'auteur(e).

Organiser des ateliers centrés sur le contenu du livre dynamise l'engagement autour de celui-ci. Ces rassemblements créent un espace pour des discussions enrichissantes. Pour l'auteur(e), ces moments d'échange offrent une vue précieuse sur l'impact de son livre auprès des lecteur(rice)s et ouvrent des voies vers des possibilités de mentorat, de consultation, de vente ou de collaborations.

Enfin, encourager le feedback et les témoignages des lecteur(rice)s renforce l'engagement. En demandant aux lecteur(rice)s de partager leur expérience de lecture, l'auteur(e) peut créer des études de cas et des « success stories » qui inspirent sa communauté.

Ainsi, en intégrant des stratégies d'engagement post-lecture, le livre dépasse son rôle initial de carte de visite et devient un catalyseur de relations professionnelles enrichissantes et durables. Cette approche souligne la vision du livre non comme un point final, mais comme le début d'un voyage partagé entre l'auteur(e) et ses lecteur(rice)s, un voyage marqué par l'échange, la croissance et la collaboration mutuelle.

Chapitre 6

Le livre est un cadeau

L'aspect cadeau du livre, par opposition à une carte de visite traditionnelle, introduit une dimension de générosité et d'échange culturel profondément ancrée dans la tradition du partage de connaissances. Lorsqu'un(e) professionnel(le) choisit d'offrir un livre comme carte de visite, il (elle) ne se contente pas de transmettre des informations de contact ; il (elle) offre un morceau de son héritage intellectuel, un témoignage de son parcours et de sa passion. Ce geste symbolise bien plus qu'une simple volonté de se connecter sur le plan professionnel ; il représente un don de valeur inestimable, celui de la connaissance et de l'inspiration.

Contrairement à la carte de visite, rapidement échangée et souvent oubliée, un livre en cadeau porte en lui une intentionnalité et une permanence qui marquent l'esprit du ou de la destinataire. C'est un objet tangible, chargé de sens, qui occupe un espace physique dans la vie du lecteur ou de la lectrice et, plus important encore, un espace mental. En parcourant ses pages, le lecteur ou la lectrice engage un dialogue avec l'auteur(e), explorant ses idées, absorbant son expertise, et souvent, se sentant inspiré(e) par sa vision. Ce processus d'engagement crée une connexion bien plus profonde et durable que le simple échange de coordonnées professionnelles.

De plus, offrir un livre comme cadeau dans un contexte professionnel souligne une reconnaissance de la valeur du temps et de l'attention du ou de la destinataire. Cela dénote un respect pour l'engagement intellectuel et émotionnel requis pour lire et réfléchir sur le contenu présenté. Ce niveau de considération renforce la qualité des relations professionnelles, établissant une base de respect mutuel et d'intérêt partagé pour la croissance et l'apprentissage continu.

L'aspect cadeau du livre ouvre également des portes à des discussions futures et enrichissantes. Après avoir lu le livre, le ou la destinataire dispose d'un prétexte naturel pour reprendre contact avec l'auteur(e), que ce soit pour partager des réflexions sur le livre, poser des questions, ou explorer des opportunités de collaboration. Cette interaction post-lecture n'est pas seulement bénéfique pour le renforcement du réseau professionnel de l'auteur(e) ; elle offre aussi au ou à la destinataire l'occasion d'approfondir sa compréhension et d'élargir son horizon intellectuel et professionnel.

L'acte d'offrir un livre comme carte de visite est une pratique innovante qui souligne l'importance de la connaissance, de la réflexion, et des relations humaines dans le monde des affaires, rappelant que, dans un univers de plus en plus numérisé, les connexions les plus profondes restent celles qui touchent l'esprit et surtout le cœur.

Chapitre 7

Témoignages et études de cas

L'auteur devenu conférencier

Alexandre Mars est un entrepreneur et philanthrope français et auteur du livre « La révolution du partage ». Il a publié un livre sur la nécessité d'une nouvelle approche du partage des richesses et de l'engagement social dans le monde. Suite à la publication de celui-ci, il a été invité à de nombreuses conférences, établissant ainsi son statut d'expert dans son domaine. Son livre lui a servi de carte de visite, lui ouvrant des portes dans des cercles autrement inaccessibles.

Le consultant et son outil de référence

La consultante en management Julia de Funès, avec son livre « La comédie (in)humaine », critique les dérives du management moderne et propose des réflexions sur l'amélioration des pratiques de leadership en entreprise. Son travail a renforcé sa position en tant qu'experte dans le domaine du management et du bien-être au travail. Elle utilise son livre comme base pour des conférences et des interventions en entreprise, élargissant son réseau professionnel. Son livre est devenu un outil de référence pour ses client(e)s, renforçant sa crédibilité et son autorité professionnelle. Il a également servi de point de départ pour des ateliers et des séminaires, élargissant ainsi son réseau professionnel.

L'entrepreneur et le réseau élargi

Le cardiologue Dr. Eric Topol est entrepreneur et chercheur. Il est reconnu pour son travail sur la médecine de précision et l'utilisation de la technologie numérique dans la santé. Son livre « The patient will see you now : The future of medicine is in your hands » explore l'impact des technologies numériques sur la santé et la médecine, proposant une vision où les patient(e)s jouent un rôle central dans leurs soins grâce à l'accès à leurs données médicales et à la technologie. Le livre a contribué à établir le Dr. Topol comme un expert dans le domaine de l'innovation en santé, attirant l'attention de partenaires potentiels, d'investisseurs, et ouvrant la voie à de nouvelles collaborations. Il a ainsi considérablement élargi son réseau. Son livre a servi de catalyseur pour des collaborations et des projets qui n'auraient pas été possibles autrement.

L'artiste qui raconte son histoire

Frida Kahlo, artiste mexicaine, principalement connue pour ses peintures, la publication de ses journaux intimes et de ses correspondances dans le livre « The diary of Frida Kahlo : An intimate self-portrait », offre un aperçu profond de sa vie, de son art et de ses pensées. Ce livre contient des reproductions de son journal, dans lequel elle a dessiné et écrit pendant les dix dernières années de sa vie, révélant ses processus créatifs, ses douleurs, ses passions et ses inspirations.

Frida Kahlo a eu une influence considérable non seulement dans le monde de l'art mais aussi dans les sphères de la culture populaire, devenant ainsi une icône féministe et un symbole de résilience. Le livre a permis à ses fans et aux collectionneur(euse)s de se connecter encore plus profondément avec son œuvre et sa personnalité, augmentant sa notoriété bien au-delà de ses peintures. Ses œuvres et son histoire continuent d'inspirer et de toucher des gens dans le monde entier, faisant d'elle une des artistes les plus célèbres du XXème siècle.

Au-delà de la richesse: L'ascension d'un entrepreneur

Père riche, père pauvre de Robert Kiyosaki, en mettant en lumière les leçons de finance personnelle acquises auprès de son père riche, a non seulement établi Robert

Kiyosaki comme une autorité dans le domaine de la finance personnelle grâce à son livre, mais lui a également ouvert les portes à de nombreuses opportunités d'enseignement et de conférences. Grâce à ce succès, il a pu transmettre ses connaissances à travers des ateliers, des séminaires et des cours en ligne, inspirant ainsi des individus à travers le monde à poursuivre la liberté financière. En conséquence, grâce à son livre, il a non seulement bâti un vaste empire éducatif mais a aussi profondément influencé la manière dont des millions de personnes perçoivent l'investissement et la gestion de leur argent.

De la productivité à l'influence

La semaine des 4 heures de Timothy Ferriss, en explorant des stratégies révolutionnaires pour optimiser la productivité et le style de vie, a propulsé Timothy Ferriss au rang de figure influente dans le domaine de l'auto-assistance grâce à son livre. Il a utilisé cet ouvrage comme un tremplin pour construire sa marque personnelle et étendre son influence bien au-delà des frontières traditionnelles de l'édition, ouvrant la voie à des opportunités dans le conseil, la présentation de conférences et la création de contenu numérique. Grâce à ce livre, Timothy Ferriss a non seulement solidifié sa réputation comme expert en optimisation de la vie et de la productivité, mais a également inspiré des millions de personnes à remettre en question et à réinventer leur approche du travail et du temps libre.

Devenir leadeuse d'opinion

En avant toutes par Sheryl Sandberg, en se penchant sur les défis auxquels les femmes sont confrontées sur le lieu de travail, a non seulement consolidé sa position en tant que leadeuse d'opinion grâce à son livre, mais a également été le catalyseur d'un mouvement global. En tant que COO de Facebook, Sheryl Sandberg a utilisé cet ouvrage pour partager des stratégies visant à encourager les femmes à prendre leur place dans des rôles de leadership. Ce faisant, elle a non seulement élevé le débat sur l'égalité des genres à un niveau international, mais a aussi inspiré un changement concret dans les politiques et les pratiques d'entreprise autour du globe.

Mon exemple en tant qu'auteure et formatrice en écriture

Parmi les exemples les plus parlants de l'utilisation d'un livre comme outil de communication se trouvent également les miens, en tant qu'auteure et formatrice reconnue en écriture. Mes ouvrages, tels que « Ne lis pas ce livre », « La tyrannie de la perfection » et « Je suis ce que je choisis. Bien manger l'affaire de tous », ont servi non seulement à partager mes idées uniques et mon expertise, mais aussi à établir une base solide pour mes ateliers de formation en écriture.

Grâce à mes livres, j'ai consolidé ma réputation en tant qu'experte dans le domaine de l'écriture et de l'autoédition. J'ai su utiliser mes écrits comme un moyen efficace de communication, démontrant à mes client(e)s potentiel(le)s et aux participant(e)s à mes formations la puissance de l'écriture et de la réalisation d'un livre.

Le plus impactant est sans aucun doute la façon dont mes livres ont inspiré mes lecteur(rice)s. J'ai prouvé qu'il est possible d'écrire un livre à la fois significatif et de qualité en un temps restreint, offrant ainsi un modèle motivant pour celles et ceux qui aspirent à devenir auteur(e)s.

Chapitre 8

Comment un livre a changé la donne pour moi

Un Impact au-delà des mots

Mes livres ont dépassé le simple cadre de la publication classique. Ils sont devenus un véritable tremplin pour ma carrière de formatrice, me permettant de transmettre ma passion pour l'écriture et d'encourager d'autres à se lancer dans cette belle aventure. Mes ouvrages ont clairement illustré que l'écriture va au-delà d'un simple acte créatif ; c'est un moyen de communication puissant et un vecteur essentiel de développement personnel.

En partageant mon plaisir pour l'écriture, j'ai souhaité inspirer les gens à découvrir leur propre capacité à créer et à exprimer leurs idées. Mon but est de montrer que chaque personne peut trouver sa voie dans l'écriture, que cet art n'est pas l'apanage des seuls écrivains confirmés ; car oui, c'est bien accessible à tous. C'est dans cet esprit que mes livres ont cherché à démocratiser l'écriture, en présentant cette dernière comme une invitation à partager ses pensées, ses émotions et ses histoires.

L’impact de mes livres sur ma profession de formatrice a été significatif. Ils ont non seulement étendu ma portée, me donnant l'opportunité de toucher un public plus large, et ils ont aussi enrichi ma façon d'enseigner. Les livres ont introduit de nouvelles perspectives dans ma pratique, rendant l’apprentissage plus interactif et dynamique. Ils ont servi de pont entre mes connaissances théoriques et l'application pratique, offrant ainsi une expérience d'apprentissage complète et immersive.

Mes livres ont réaffirmé le rôle de l'écriture comme un outil essentiel de partage et de connexion. Ils témoignent de la capacité de l'écriture à unir les gens, à stimuler la réflexion et à encourager la croissance individuelle. À travers eux, j’ai voulu passer le message que l’aventure de l’écriture est une exploration valorisante, capable de transformer les perspectives et d'enrichir les parcours tant personnels que professionnels.

Chapitre 9

Comment écrire votre propre livre

Introduction à l'écriture de livre

Se lancer dans l'aventure de l'écriture d'un livre est souvent perçu comme un parcours semé d'embûches, une montagne que l'on regarde de loin avec un mélange d'envie et d'appréhension. Pourtant, armé de patience, de persévérance, et d'une organisation méticuleuse, ce défi se mue en une expérience des plus exaltantes et gratifiantes. Ce chapitre vise à éclairer le chemin des aspirant(e)s auteur(e)s, leur offrant des repères pour poser les premières pierres de leur projet d'écriture. Car aborder l'écriture avec les bonnes stratégies transforme ce qui pourrait sembler être une tâche ardue en une série d'étapes claires et atteignables. Il s'agit de démystifier le processus créatif, de le rendre plus accessible, et de montrer qu'avec une planification soignée et une approche méthodique, donner vie à un livre est à la portée de toutes et tous. La clé réside dans la capacité à structurer ses idées, à canaliser sa créativité vers des objectifs précis, et à s'engager dans cette aventure avec une volonté de partage et d'expression.

Définir le thème et l'objectif

Le point de départ pour écrire un livre, c'est de bien définir son thème et son but. C'est là que l'on se pose les vraies questions : Qu'est-ce que j'ai vraiment envie de dire ? Quelle est l'histoire que j'ai envie de raconter ? Cette étape est un peu comme plonger au fond de soi pour trouver ce qu'on veut partager avec les autres et ce que l'on espère apporter avec notre livre.

Il est important de prendre le temps pour cette réflexion, parce que c'est elle qui va guider tout le reste. En ayant une idée claire de cette étape, on sait mieux où l'on va, et surtout, comment y aller. C'est le début de l'aventure, le premier pas vers la réalisation de votre livre.

Recherche et collecte d'informations

Une fois que le thème du livre est défini, vient le moment de plonger dans la recherche et la collecte d'informations. C'est un peu comme partir à la recherche de trésors cachés. Il est possible de se plonger dans la lecture d'autres livres sur des sujets similaires, de rencontrer des personnes inspirantes à interviewer, ou encore de rassembler des données et ses propres expériences personnelles. C'est une étape vraiment importante, car c'est ce qui va donner de la profondeur et de la crédibilité au livre. En faisant cette recherche, on enrichit la compréhension du sujet et toutes sortes de pépites viendront nourrir l'écriture. C'est comme poser les fondations d'une maison solide : plus on consacre de temps à les établir correctement, plus le livre gagnera en crédibilité et en sens.

Planification de la structure

La structuration du livre est une étape essentielle dans le processus d'écriture. Imaginez-la comme le plan architectural qui guide la construction d'un édifice solide : un plan détaillé, avec des chapitres soigneusement conçus et des sous-titres pertinents. Il aide à organiser les idées de manière claire et logique, tout en assurant une progression fluide et cohérente dans le récit ou dans l'argumentation. Chaque chapitre devient une pièce de l'ensemble, contribuant à la structure globale de l'ouvrage. Les sous-titres agissent comme des repères, indiquant au lecteur ou à la lectrice ce qu'il (elle) peut attendre de chaque section et facilitant sa navigation à travers les différentes parties du livre. Cette approche méthodique de la structuration offre de nombreux avantages. Elle vous permet de visualiser l'ensemble de votre livre et d'anticiper sa progression, ce qui facilite le processus d'écriture en vous donnant une direction claire à suivre. De plus, elle garantit la cohérence et l'organisation de votre contenu, ce qui est essentiel pour maintenir l'attention et l'intérêt du lecteur ou de la lectrice tout au long de sa lecture.

Établir un calendrier d'écriture

L'écriture d'un livre exige une discipline rigoureuse. Se fixer un calendrier d'écriture régulier est un élément crucial pour avancer dans le projet. Que vous choisissiez de consacrer quelques heures chaque jour à l'écriture ou des plages spécifiques dans la semaine, la constance est la clé pour faire des progrès significatifs vers l'achèvement de celui-ci. Établir une routine d'écriture permet de créer un momentum et une habitude qui soutiennent le processus créatif. En vous engageant à écrire de manière régulière, vous vous donnez la meilleure chance de maintenir votre élan et de surmonter les éventuels obstacles qui pourraient se présenter sur votre chemin.

Il est important d'être réaliste quant à vos engagements et à vos capacités et de trouver un rythme qui vous convient, qui correspond à votre emploi du temps et à vos obligations personnelles. Que ce soit une heure chaque matin avant le travail ou des sessions d'écriture plus longues pendant le week-end, l'essentiel est de créer une routine que vous pouvez respecter de manière constante.

Chapitre 10

Publication et diffusion

L’autoédition : Contrôle et flexibilité

L'autoédition confère un contrôle total sur le processus de publication. Vous avez la main sur la conception, le format, le prix et la distribution de votre livre. Cette option est particulièrement séduisante pour ceux et celles qui aspirent à une liberté créative totale et à une plus grande part des revenus de vente. Toutefois, elle requiert également un engagement conséquent en termes de marketing et de distribution, ainsi qu'une responsabilité totale quant à la qualité du produit final. Pour un livre « carte de visite », ce choix a tout son sens.

Opter pour l'autoédition signifie prendre les rênes de votre projet d’écriture de A à Z. Vous avez le pouvoir de décider de chaque aspect de votre livre, depuis la couverture jusqu'au choix des mots finaux. Cela offre une flexibilité inégalée pour exprimer votre vision de la manière la plus authentique possible. En contrepartie de cette liberté créative, l'autoédition demande un investissement en temps, en énergie et parfois en ressources financières. Si le but est de vendre votre livre, vous êtes également responsable de la promotion, de la recherche des canaux de distribution adéquats et de la gestion des ventes et des retours. Cela nécessite une stratégie de marketing solide, une connaissance du marché du livre et un engagement soutenu pour atteindre votre public cible.

Cependant, pour de nombreux(ses) auteur(e)s, les avantages de l'autoédition l'emportent largement sur les défis. La possibilité de voir leur livre prendre vie selon leurs propres termes, sans avoir à compromettre leur vision artistique, est une motivation puissante. De plus, le potentiel de revenus plus élevés et le contrôle total sur leur carrière d'auteur(e) sont des incitations supplémentaires à choisir cette voie.

L'édition traditionnelle : Support et réseau

Pour un(e) entrepreneur(e) envisageant de partager son expertise ou son parcours à travers un livre, comprendre ce qu'une maison d'édition traditionnelle peut offrir est crucial. Ces établissements apportent une gamme de services professionnels, dont la relecture pour assurer une communication claire et sans erreur, la conception de couverture pour attirer l'attention dès le premier regard, ainsi qu'une distribution qui assure une présence sur de multiples plateformes et lieux de vente. Certaines offrent également un soutien en marketing pour augmenter la visibilité de l'ouvrage. Ces services, de haute qualité, impliquent une collaboration où l'auteur(e) doit souvent céder une part de contrôle sur les aspects créatifs et financiers de son livre. Pour un(e) entrepreneur(e), dont le livre est un prolongement de son identité de marque et un outil de marketing direct, cette perte de contrôle peut représenter un défi significatif. La capacité à prendre des décisions rapides et à adapter le contenu pour répondre aux besoins immédiats de son audience est essentielle. De plus, le processus d'édition traditionnelle peut être long et complexe, ce qui risque d’entraver la capacité de l'entrepreneur(e) à exploiter rapidement son livre comme outil stratégique dans son arsenal de communication. Tout en offrant une expertise indéniable et une qualité irréprochable, les maisons d’édition traditionnelles proposent un parcours bien défini et structuré, qui pourrait ne pas correspondre à la dynamique et à l'immédiateté recherchées par les entrepreneur(e)s. La publication d'un livre est une aventure personnelle et professionnelle significative. Rappelons que pour un(e) entrepreneur(e), elle représente une opportunité unique de renforcer sa marque et de tisser des liens durables avec son audience.

Le choix entre les deux

Pour naviguer dans le paysage de la publication, comprendre les nuances entre l'autoédition et l'édition traditionnelle est essentiel. Chacun de ces chemins présente un ensemble unique d'avantages et de défis, façonnant de manière significative l'expérience de publication et l'impact de votre livre.

L'autoédition se distingue par sa capacité à offrir aux auteur(e)s une marge de manœuvre sans précédent en termes de créativité et de prise de décision. Dans cet espace, vous êtes maître(sse) à bord, prenant les décisions critiques sur le design, le prix, la stratégie de marketing et les canaux de distribution. Cette voie exige de l'auteur(e) une propension au marketing, une familiarité avec les plateformes de publication numérique et un esprit entrepreneurial. L'autoédition requiert une volonté d'apprendre et de s'adapter, une persévérance dans le marketing et la promotion, et une capacité à bâtir une marque personnelle qui résonne avec votre public cible.

Au-delà de l'autonomie, l'autoédition permet une plus grande part des bénéfices par la vente, offrant potentiellement une meilleure rentabilité à long terme. Toutefois, cette route peut ressembler à une traversée solitaire, où le soutien et les conseils d'expert(e)s sont moins immédiatement accessibles. L'auteur(e) doit être prêt(e) à investir du temps, de l'énergie et des ressources financières dans le développement de compétences professionnelles, allant du design de couverture à la stratégie de prix, en passant par les techniques de promotion.

À l'opposé, l'édition traditionnelle s'apparente à un partenariat, où l'auteur(e) bénéficie de l'expertise et du réseau d'une équipe dédiée. Cette collaboration peut s'avérer précieuse, offrant un accompagnement dans chaque étape du processus éditorial, de la conception à la commercialisation. L'éditeur(rice) prend en charge les coûts de production, de marketing et de distribution, réduisant ainsi la charge financière directe pour l'auteur(e). Cependant, cette facilité vient avec son lot de compromis, notamment en termes de partage des revenus et de flexibilité dans les décisions éditoriales et commerciales.

Il est crucial de peser le pour et le contre, en considérant non seulement l'aspect financier mais aussi le temps et l'énergie que vous êtes prêt(e) à consacrer à la réussite de votre livre. En cas de livre carte de visite qui sera offert aux client(e)s et aux prospects, le choix semble clair.

Chapitre 11

Stratégies de distribution et de promotion

Maximiser la visibilité et l'accessibilité

Après la publication de votre livre, la distribution et la promotion deviennent les étapes cruciales qui suivent. Imaginez votre livre non seulement comme une alternative innovante à la traditionnelle carte de visite pour vos client(e)s et prospects, mais également comme une œuvre méritant une diffusion élargie au-delà de vos réseaux de networking habituels. Cela représente le double effet Kiss Cool : une stratégie qui non seulement renforce votre présence professionnelle, mais élargit aussi votre audience. La clé pour transformer votre livre en un véritable levier de votre succès réside dans l'optimisation de sa visibilité et de son accessibilité. Voici quelques stratégies éprouvées pour maximiser l'impact de votre livre :

Distribution en ligne et physique

Vente en ligne : Les plateformes numériques comme Amazon et les boutiques en ligne spécialisées sont devenues des vecteurs incontournables pour atteindre des lecteur(rice)s à l'échelle mondiale. Leur puissance réside dans leur capacité à offrir à votre livre une vitrine accessible 24/7, permettant à quiconque, n'importe où dans le monde, de découvrir et d'acheter votre livre. De plus, ces plateformes proposent des outils de marketing et de promotion, tels que les recommandations personnalisées et les critiques de lecteur(rice)s, qui peuvent significativement augmenter la visibilité de votre livre. Néanmoins, la concurrence est féroce dans l'espace numérique, et se démarquer demande une stratégie de marketing numérique bien pensée, incluant le référencement (SEO), les publicités payantes, et l'utilisation des médias sociaux.

Librairies et événements locaux : En parallèle à la vente en ligne, les librairies locales et les événements tels que les salons du livre, les séances de dédicaces, et les conférences, constituent des canaux précieux pour construire une communauté de lecteur(rice)s et de client(e)s fidèles. Ces espaces offrent une opportunité unique d'interaction personnelle avec votre public, permettant de créer un lien émotionnel fort qui peut transformer un lecteur(rice) en un ambassadeur(rice) passionné(e) par votre travail. Collaborer avec des librairies indépendantes pour organiser des événements de lancement ou participer à des ateliers lors de conférences augmente la visibilité de votre livre. Cela renforce votre crédibilité en tant qu'auteur(e) et expert(e) de votre domaine. Il est également pertinent d'explorer des stratégies hybrides, telles que la vente directe via votre propre site web ou via les réseaux sociaux, permettant de bénéficier d'une visibilité encore plus élevée en maintenant un contact direct avec votre audience.

Stratégies de marketing et de promotion

Réseaux sociaux et marketing en ligne : Créer des communautés sur les réseaux sociaux tels que Facebook, Instagram, Twitter, TikTok et LinkedIn ne sont pas seulement des espaces pour partager des mises à jour occasionnelles de votre livre ; ils sont le terreau fertile d'une communauté dynamique. En partageant régulièrement des contenus qui reflètent votre personnalité d'auteur(e), d’expert(e), d’entrepreneur(e) et des thèmes de votre livre, vous pouvez attirer des lecteur(rice)s qui résonnent avec votre message. Interagir avec votre audience à travers des questions ouvertes, des sondages et des discussions, renforce l'engagement et favorise un sentiment d'appartenance parmi vos abonné(e)s.

Blogs et newsletters : Au-delà des réseaux sociaux, tenir un blog ou envoyer régulièrement des newsletters permet de fournir à votre communauté des contenus plus approfondis et personnalisés. Ces outils offrent un espace pour partager des extraits de votre livre ou pour discuter des sujets qui vous passionnent. Ils peuvent aussi servir de canal pour annoncer des événements spéciaux, comme des lancements de livre, des promotions ou des séances de dédicace, renforçant ainsi la connexion avec votre audience.

Campagnes de publicité en ligne : Pour élargir votre portée au-delà de votre cercle immédiat, vous pouvez envisager d'utiliser la publicité en ligne. Des plateformes comme Facebook Ads et Google AdWords permettent de cibler précisément les utilisateurs(rices) en fonction de leurs intérêts, de leur comportement en ligne et de critères démographiques spécifiques. Bien conçues, ces campagnes peuvent attirer de nouveaux(elles) client(e)s potentiel(le)s vers votre site web, page de vente, ou profils sur les réseaux sociaux, augmentant ainsi la visibilité de votre livre tout comme les services et produits que vous proposez.

Interaction et feedback : L'aspect le plus enrichissant de l'utilisation des réseaux sociaux et des outils numériques est la possibilité de recevoir des retours directs de la part de votre lectorat. Ces interactions augmentent votre crédibilité et la visibilité de votre livre.

Relations publiques et presse : La stratégie de promotion d'un livre ne serait complète sans un effort ciblé pour capter l'attention des médias et des influenceur(euse)s. L'envoi de communiqués de presse et la sollicitation de critiques dans les médias et sur les blogs spécialisés sont des leviers puissants pour augmenter la visibilité de votre ouvrage. Ces actions peuvent servir de catalyseur pour élargir votre audience et donner à votre livre l'élan nécessaire pour vous démarquer.

Communiqués de presse : La rédaction et la distribution de communiqués de presse bien conçus ouvrent les portes à une couverture médiatique précieuse. Les communiqués de presse doivent être envoyés à une liste ciblée de contacts dans les médias, incluant journalistes, rédacteur(rice)s, et blogueur(euse)s spécialisé(e)s dans votre domaine d'intérêt. Une attention particulière doit être portée à la personnalisation des envois, avec un accent sur la création d'une connexion authentique avec le ou la destinataire.

Obtenir des critiques : Les critiques de livres dans des publications respectées et sur des blogs spécialisés accroissent considérablement l'intérêt pour votre livre. Les critiques positives ajoutent une couche de crédibilité et d'autorité. Pour maximiser vos chances d'obtenir des critiques, identifiez et contactez des critiques et des blogueur(euse)s qui s'intéressent spécifiquement à votre domaine. Il est crucial de leur fournir un accès facile à votre livre, que ce soit sous forme numérique ou physique.

Maximiser l'impact des critiques et des couvertures médiatiques : Une fois que vous avez obtenu des critiques et des mentions dans la presse, il est important de maximiser leur impact. Partagez ces réussites sur vos réseaux sociaux, site web, et dans les newsletters pour renforcer la légitimité de votre livre aux yeux de votre audience existante et potentielle. Ces mentions peuvent également être intégrées dans le matériel promotionnel de votre livre, comme la couverture arrière ou les pages de vente en ligne, pour inciter à l'achat.

Stratégie à long terme : La recherche de couverture médiatique et de critiques devrait être considérée comme une stratégie continue plutôt qu'un effort ponctuel. Établir des relations durables avec les médias et les influenceur(euse)s ouvre des portes pour la promotion future de votre travail actuel et de projets à venir.

Collaborations et partenariats : La collaboration avec d'autres auteur(e)s, des influenceur(euse)s ou des organisations, représente une stratégie dynamique et sous-exploitée pour accroître la visibilité des livres. En établissant des partenariats stratégiques, vous pouvez non seulement étendre votre portée à de nouveaux publics mais aussi enrichir l'expérience de votre propre communauté avec des perspectives et des contenus variés. Ces collaborations peuvent prendre plusieurs formes, chacune offrant des avantages uniques et des possibilités de croissance mutuelle.

Collaborations avec d'autres auteur(e)s : Travailler de concert avec des auteur(e)s qui partagent une thématique ou un genre similaire peut ouvrir la voie à des initiatives créatives telles que des séries de webinaires, des podcasts conjoints, ou des échanges de « Guest blogging ». Ces efforts conjoints permettent de croiser les audiences, chaque auteur(e) apportant sa propre base de fans à l'autre. De plus, ces collaborations peuvent mener à des opportunités créant ainsi de nouveaux produits qui bénéficient de l'expertise et de la visibilité de chaque contributeur(rice).

Partenariats avec des influenceur(euse)s : Les influenceur(euse)s, avec leurs larges audiences sur les réseaux sociaux ou leurs blogs, peuvent jouer un rôle crucial dans la promotion de votre livre. Identifier les influenceur(euse)s dont les intérêts s'alignent avec les thèmes de votre ouvrage et proposer une collaboration peut se traduire par des critiques, des mentions, ou des placements de produit qui parleront directement à votre public cible. Il est important de choisir des partenaires qui partagent une réelle affinité avec votre contenu pour garantir l'authenticité et l'engagement de leur audience.

Engagement avec des organisations : S'associer à des organisations, qu'elles soient à but non lucratif, éducatives, ou professionnelles, peut également amplifier la portée de votre livre. Ces partenariats peuvent inclure des sponsorisations d'événements, des contributions à des bulletins d'information, ou des initiatives de collecte de fonds où une partie des ventes de votre livre est reversée à une cause. Ces collaborations ne se limitent pas à augmenter la visibilité de votre livre ; elles permettent également de positionner votre marque personnelle comme socialement responsable et engagée dans des causes plus larges.

Stratégies de collaboration efficaces : Pour que ces partenariats soient fructueux, il est essentiel d'adopter une approche stratégique. Cela comprend la définition d'objectifs clairs, la mise en place d'attentes réalistes, et la création d'un plan d'action qui détaille comment chaque partie contribuera et bénéficiera de la collaboration. La communication ouverte et régulière est également cruciale pour maintenir l'alignement et l'enthousiasme tout au long du projet.

Optimiser l'engagement du lecteur ou de la lectrice

Lancement de livre et événements virtuels : L'organisation d'un événement de lancement d'un livre est une étape cruciale. C'est une occasion unique de générer de l'enthousiasme, de stimuler l'engagement autour de votre ouvrage. Un tel événement réussi peut servir de catalyseur pour les ventes initiales et créer un élan qui portera votre livre dans les jours, les semaines et les mois à venir.

Planification et promotion : La clé d'un événement de lancement réussi réside dans une planification méticuleuse et une promotion efficace. Déterminez d'abord le format de l'événement - physique, virtuel, ou une combinaison des deux - en fonction de votre public cible, de vos objectifs et des ressources disponibles. Pour un événement physique, choisissez un lieu qui résonne avec le thème de votre livre ou qui est central et facilement accessible pour vos invité(e)s. Pour un lancement virtuel, utilisez des plateformes qui permettent une interaction en temps réel avec votre audience, comme les webinaires ou les « lives » sur les réseaux sociaux.

Créer une expérience mémorable : L'objectif est de créer une expérience mémorable qui incite les participant(e)s non seulement à découvrir votre livre mais aussi à partager leur enthousiasme avec d'autres. Pensez à intégrer des éléments interactifs, tels que des séances de questions-réponses, des lectures d'extraits, ou des interventions d'invité(e)s spéciaux(ales) qui peuvent apporter une valeur ajoutée à l'événement. Offrir des « incentives », comme des exemplaires dédicacés, ou un accès exclusif à du contenu supplémentaire, augmente l'intérêt et la participation.

Utiliser les réseaux sociaux et les partenariats : La promotion de votre événement est cruciale pour assurer sa réussite. Utilisez tous les canaux à votre disposition - réseaux sociaux, newsletters, blogs, et même des partenariats avec d'autres auteur(e)s ou influenceur(euse)s - pour diffuser l'information et susciter l'intérêt. Créer un hashtag unique pour votre lancement aide à centraliser la conversation en ligne et à augmenter la visibilité de l'événement.

Suivi post-événement : L'engagement ne s'arrête pas une fois l'événement terminé. Assurez un suivi avec les participant(e)s en les remerciant de leur présence, en leur demandant des retours, et en les encourageant à partager leur expérience et leur avis sur le livre. Cela peut inclure l'envoi d'un email de remerciement, la publication de photos ou de vidéos de l'événement, et l'incitation à laisser des critiques sur les plateformes de vente en ligne et les réseaux sociaux.

L'importance des avis et des critiques de lecteur(rice)s : Les avis et critiques de lecteur(rice)s jouent un rôle très important, surtout à l'ère du numérique où les plateformes en ligne comme Amazon et les réseaux sociaux ont donné aux lecteur(rice)s une voix plus forte et plus influente que jamais.

Voici quelques stratégies pour encourager les lecteur(rice)s à partager leurs expériences :

Incorporer des appels à l'action : À la fin de votre livre, incluez un appel à l'action encourageant les lecteur(rice)s à laisser un avis. Expliquez brièvement comment leur feedback vous aide en tant qu'auteur(e).

Utiliser les réseaux sociaux et newsletters : Partagez régulièrement l'importance des avis et comment ils soutiennent votre parcours d'auteur(e) sur vos canaux de communication. Cela peut inclure des posts sur les réseaux sociaux, des rappels dans les newsletters, et même des messages directs à ceux et celles qui ont préalablement exprimé leur appréciation pour votre travail.

Offrir des incitations : Bien que l'achat d'avis soit contraire à l'éthique et souvent pénalisé par les plateformes, offrir des incitations pour des critiques honnêtes est une pratique courante. Cela peut inclure l'entrée dans un tirage au sort pour un cadeau, des copies gratuites de futurs livres, ou d'autres récompenses qui ne dépendent pas de la nature positive de l'avis.

Créer un groupe de lecture en avant-première : Avant le lancement de votre livre, rassemblez un groupe de client(e)s fidèles pour recevoir des copies en avant-première. En échange, demandez-leur de laisser un avis à la date de sortie. Cela peut aider à générer un buzz initial et fournir à votre livre des avis dès le premier jour.

Engager la conversation : Lorsque vous recevez des avis, engagez-vous avec vos lecteur(rice)s en les remerciant pour leur temps et leurs retours. Cette interaction peut renforcer la relation entre l'auteur(e) et les lecteur(rice)s, encourageant ainsi d'autres avis et partages.

Chapitre 12

Le livre en action, un outil de networking puissant

Établir votre expertise

Établir votre expertise en tant qu'auteur(e) publié(e) joue un rôle crucial dans le renforcement de votre crédibilité professionnelle et personnelle. Cette reconnaissance ne se limite pas à l'affirmation de vos connaissances dans un domaine spécifique ; elle démontre également votre capacité à conceptualiser, à rédiger et à mener à bien un projet d'envergure, des qualités hautement estimées dans de nombreux cercles professionnels et académiques.

Utilisation stratégique de votre statut d'auteur(e) lors d'événements de networking : Lors de conférences, de salons professionnels, de rencontres de networking ou de meetworking, mentionner que vous êtes un(e) auteur(e) publié(e) sert de formidable point d'entrée pour des discussions plus approfondies. Cela suscite non seulement l'intérêt mais aussi d'ouvrir la porte à des opportunités de collaboration, de mentorat, ou de leadership d'opinion dans votre domaine. La publication d'un livre est perçue comme un jalon de réussite et d'expertise, ce qui augmente votre attractivité en tant que professionnel(le) ou conférencier(e) invité(e).

Renforcer votre marque personnelle : Votre livre agit comme un pilier de votre marque personnelle, reflétant vos idées, votre vision, et votre approche unique de votre spécialité. Il est un outil puissant pour communiquer votre passion et votre engagement envers votre métier. En exploitant les médias sociaux, votre site web personnel, et d'autres plateformes en ligne, vous pouvez mettre en avant votre statut d'auteur(e) pour renforcer votre présence en ligne et attirer un public ciblé intéressé par votre expertise.

Publication et partage de connaissances : Au-delà des événements de networking, envisagez de participer à des podcasts, des webinaires, ou des blogs en tant qu'invité(e) expert(e). Ces occasions vous permettent de démontrer votre connaissance approfondie du sujet traité dans votre livre et d'explorer des applications pratiques de vos recherches ou expériences. C'est également une excellente façon de toucher de nouveaux publics et de susciter un intérêt renouvelé pour votre travail publié.

Contribution à des publications spécialisées : Écrire des articles pour des revues professionnelles ou des bulletins d'informations dans votre domaine permet également de souligner votre statut d'expert(e). Ces contributions facilitent le partage de votre savoir et aussi de le faire valoir dans des cercles où la publication d'un livre est considérée comme un indicateur d'autorité et de crédibilité.

Créer des opportunités de conversation : Cet acte simple et significatif peut transformer une rencontre ordinaire en un échange profond et mémorable.

Voici quelques manières d'exploiter au mieux cette démarche :

Personnalisation de l'offre : Lorsque vous offrez votre livre, prenez le temps de le personnaliser pour le ou la destinataire. Une dédicace manuscrite ajoute une touche personnelle qui valorise l'interaction. Mentionnez un détail de votre conversation ou exprimez un souhait sincère qui relie votre destinataire à l'essence de votre ouvrage. Cette attention montre votre générosité et renforce aussi la connexion émotionnelle avec votre interlocuteur(rice).

Engagement autour de contenus spécifiques : Utilisez votre livre comme un tremplin pour approfondir des sujets spécifiques qui pourraient intéresser l'autre personne. Par exemple, si un chapitre de votre livre traite d'une problématique ou d'une innovation particulière dans votre domaine, mentionnez-le comme un point de discussion. Cela encourage votre destinataire à explorer votre livre plus en détail et à revenir vers vous avec des questions ou des commentaires, prolongeant ainsi la conversation au-delà de la première rencontre.

Invitation à un dialogue continu : Lorsque vous offrez votre livre, voyez cela comme l'ouverture d'un dialogue et non comme une fin en soi. Encouragez votre destinataire à vous partager ses impressions après la lecture, que ce soit par un email, lors d'un futur rendez-vous, ou même à travers une plateforme de réseaux sociaux. Cette invitation au dialogue montre votre ouverture et votre intérêt pour un échange d'idées, ce qui enrichit votre réseau professionnel.

Créer un contexte pour le networking : Offrir votre livre peut également servir de prétexte pour organiser des rencontres ultérieures, que ce soit des débats, des ateliers, ou des séances de brainstorming autour des thèmes abordés. Cela promet de transformer une simple rencontre en une collaboration fructueuse ou en une opportunité de développement professionnel.

Élargir votre influence : En offrant votre livre, vous ne partagez pas seulement un objet, mais vous dispersez vos idées et votre vision dans votre réseau professionnel. Cela vous établit comme une référence dans votre domaine, élargissant votre influence bien au-delà des cercles immédiats.

Offrir votre livre est donc bien plus qu'un geste de générosité ; c'est une stratégie réfléchie pour tisser des liens, partager des connaissances et ouvrir des portes à des collaborations futures. C'est une affirmation de votre rôle en tant qu'expert(e) et un moyen efficace de laisser une empreinte durable dans l'esprit de vos interlocuteur(rice)s.

Réseautage à distance : Cette approche, à la fois stratégique et personnelle, offre l'avantage d'établir des ponts avec des contacts clés que vous n'avez pas encore eu l'occasion de rencontrer en personne.

Voici comment enrichir cette démarche :

Sélection ciblée des destinataires : Identifiez les individus ou les organisations qui partagent vos intérêts professionnels ou qui pourraient bénéficier de votre expertise. Cette sélection réfléchie assure que votre livre atterrit entre les mains de celles et ceux qui sont le plus susceptibles d'apprécier et de répondre à votre geste.

Personnalisation de la note d'accompagnement : Accompagnez chaque envoi d'une note personnalisée qui explique pourquoi vous avez choisi de partager votre livre avec la personne spécifique. Mentionnez des points de convergence entre vos domaines d'intérêt ou comment vous envisagez des synergies potentielles. Cette personnalisation montre que vous avez consacré du temps et de la réflexion à votre dédicace, augmentant ainsi de beaucoup les chances d'une réponse positive.

Suivi respectueux : Après l'envoi de votre livre, un suivi respectueux peut renforcer l'intérêt et ouvrir la porte à une conversation. Attendez un laps de temps raisonnable avant de contacter votre destinataire pour demander poliment ses impressions sur le livre ou discuter des points qui sont susceptibles de l'intéresser. Ce suivi montre votre engagement sans paraître intrusif.

Intégration de contenu multimédia : Pour une touche additionnelle, envisagez d'inclure un lien vers un contenu multimédia (comme une vidéo de présentation de votre livre, un webinaire que vous avez animé, ou une interview). Cela permet à votre destinataire de vous connaître de manière plus dynamique et engageante, même à distance.

Exploitation des plateformes professionnelles : Utilisez les plateformes professionnelles comme LinkedIn pour accompagner votre démarche. Après l'envoi de votre livre, une demande de connexion personnalisée peut renforcer votre approche et faciliter un échange plus approfondi dans un cadre professionnel reconnu.

Donner plutôt que vendre : Opter d'offrir votre livre plutôt que de le vendre dans le cadre de votre networking, c'est un peu comme ouvrir votre cœur et votre esprit aux autres. Ce geste, loin d'être anodin, est chargé de sens. Il ne s'agit pas simplement de transmettre un objet, mais bien plus : une parcelle de votre voyage, de vos luttes, de vos éclairs de génie. C'est offrir une invitation personnelle à plonger dans votre univers, à découvrir les fruits de votre passion et de votre travail acharné. Ce partage désintéressé permet de transformer une simple rencontre en une connexion profonde et durable. Cela crée un espace pour des échanges authentiques, des discussions qui vont au-delà du superficiel, s'ancrant dans le respect mutuel et l'enrichissement commun. Dans cette optique, donner votre livre devient un puissant vecteur de communication, une façon d'établir un lien entre vous et vos interlocuteur(rice)s, potentiellement le début d'une belle aventure partagée. C'est une marque de générosité qui souligne votre engagement envers le partage de connaissances et l'ouverture aux autres, établissant votre image non seulement en tant qu'auteur(e) mais aussi en tant que personne généreuse, ouverte et désireuse de construire des liens significatifs.

Utilisation dans les profils en ligne : Intégrer la mention de votre livre dans vos profils en ligne, comme sur LinkedIn, c'est comme tisser un fil d'or dans le tissu de votre présence professionnelle. Cela ajoute une touche d'éclat, attirant l'œil et l'intérêt, ouvrant la porte à de nouvelles conversations et connections. Ce simple acte peut transformer la perception que les autres ont de vous. Il n'est pas seulement question de valoriser un titre à votre nom, mais de partager une richesse de connaissances, d'expériences, et de perspectives uniques que vous avez eu la passion de consigner. Cela envoie un signal fort à votre réseau, aussi bien aux nouveaux visages qu'aux relations de longue date, démontrant votre engagement profond dans votre domaine et votre volonté de contribuer à la communauté à travers vos écrits. Loin d'être une démarche égocentrique, c'est une invitation à la découverte, à la réflexion, et pourquoi pas, à l'inspiration. Cela peut susciter chez les autres le désir d'en savoir plus sur vous et sur votre travail, de vous contacter pour explorer des opportunités de collaboration. C'est une stratégie élégante pour enrichir votre empreinte professionnelle, tissant des liens plus forts et plus significatifs au sein de votre réseau.

Chapitre 13

Mesurer l'impact

Une première piste pour mesurer son impact est d'examiner le nombre de nouvelles relations professionnelles nouées grâce au livre. Il s'agit ici de considérer les échanges directs autant que les mises en relation indirectes, où le livre joue un rôle de catalyseur ou de recommandation. L'interaction des lecteur(rice)s avec le livre et son auteur(e) offre une mesure concrète de l'attrait et de la pertinence de l'ouvrage. La dynamique créée sur les réseaux sociaux, les emails ou d'autres plateformes révèle l'intérêt suscité. Le volume de partages, de discussions et de réactions autour du livre est un témoin de son influence et de sa capacité à animer le débat au sein de votre communauté professionnelle. Observer comment cet engagement se traduit en opportunités tangibles est tout aussi crucial. Qu'il s'agisse d'invitations à des conférences, de propositions de projets collaboratifs, de sollicitations pour des conseils ou d'offres commerciales, ces moments illustrent la force du livre comme levier de marketing personnel.

Les retours directs des lecteur(rice)s, tels que les avis, les recommandations ou les études de cas, offrent une fenêtre ouverte sur l'effet du livre. Ces feedbacks peuvent dévoiler comment il a inspiré, formé ou influencé son lectorat.

Évaluer l'effet de votre livre : C'est une phase absolument essentielle. Ce n'est pas juste une question de vanter ses mérites, mais plutôt d'écouter attentivement l'écho de ses pages dans le vaste espace de votre univers professionnel. C'est dans cet écho que réside la clé pour peaufiner votre approche, pour s'assurer que chaque partage de votre livre enrichit votre parcours, ouvre des portes, tisse des liens. Penser à l'impact du livre, c'est comme ouvrir un carnet de voyage où chaque marque laisse une trace de votre périple partagé. Qui a été touché par vos mots ? Quelles conversations ont germé de ces pages ? Observer ces interactions aide non seulement à saisir la portée de l'influence mais aussi à affiner la stratégie de partage. C'est une danse délicate entre donner et recevoir, entre parler et écouter. Cette réflexion vous invite à plonger plus profondément dans l'alignement entre votre livre et votre identité professionnelle. Est-il bien un reflet fidèle de votre expertise et un catalyseur de dialogue autour de votre passion ? Ces questions vous guident, vous permettant d'ajuster les interactions. Ainsi, prendre le temps d'évaluer l'impact de votre livre n'est pas un simple exercice introspectif ; c'est une exploration, un apprentissage continu sur la manière dont vos contributions écrites peuvent enrichir, inspirer et connecter. C'est une quête de sens, un voyage vers une harmonie plus profonde entre vos mots et votre monde professionnel.

Observation des opportunités professionnelles : Lorsque votre réseau devient de plus en plus dense, cela révèle l'étendue de l'influence que votre livre a exercée bien au-delà de ses pages. Ce n'est pas juste la reconnaissance de votre expertise qui se manifeste à travers ces invitations, mais une célébration de la manière dont votre vision a résonné, inspiré, et même transformé. C'est un témoignage vivant que les idées que vous avez semées à travers votre écriture ont germé, fleuri, et portent maintenant leurs propres fruits.

Analyse des ventes et de la distribution : Les chiffres de vente et les données de distribution sont des indicateurs précieux qui mettent en lumière la portée réelle de votre livre. Ces informations concrètes vous offrent un aperçu de l'intérêt que suscite votre ouvrage et de son influence. Il est vrai que l'impact d'un livre ne se mesure pas uniquement à travers ses ventes, mais celles-ci restent un baromètre essentiel de sa réception et de son rayonnement. En scrutant ces chiffres, vous captez la portée de votre message et aussi la façon dont il résonne auprès d'un public diversifié. Chaque vente est une validation de votre travail, un signe que votre livre trouve sa place dans la vie des lecteur(rice)s et contribue à enrichir leur univers.

Ainsi, porter attention à ces indicateurs est crucial. Ils vous guident dans la compréhension de votre audience, vous aident à ajuster vos stratégies de communication et de marketing, et finalement, à maximiser le potentiel de votre livre. Bien sûr, l'objectif n'est pas de réduire votre ouvrage à ses performances commerciales, mais de reconnaître et de valoriser sa capacité à toucher et à engager. Dans cet esprit, les chiffres de vente et les données de distribution deviennent des outils stratégiques pour amplifier l'impact de votre livre. Ils vous encouragent à continuer de partager votre expertise, à élargir votre audience et à faire rayonner vos idées plus loin et plus fort.

Réseaux sociaux et engagements en ligne : Garder un œil sur l'engagement que suscite votre livre sur les réseaux sociaux et les plateformes en ligne est comme tenir le pouls de sa vie au-delà des pages. Les mentions, les partages, et les discussions qui gravitent autour de votre œuvre ne sont pas de simples interactions digitales ; elles sont le reflet d'une présence et d'une influence en expansion dans votre domaine. Chaque fois que votre livre est cité, partagé ou fait l'objet d'une conversation, cela signifie que votre message résonne, que vos idées voyagent et s'implantent dans l'esprit des gens.

Ainsi, surveiller et encourager l'engagement en ligne autour de votre livre n'est pas seulement une question de vanité ; c'est une stratégie essentielle pour cultiver une communauté engagée et passionnée par vos contributions. C'est une opportunité d'approfondir votre impact, d'élargir votre influence et de continuer à partager vos connaissances avec un cercle toujours plus vaste de curieux(euses) et d'adeptes.

Retours sur investissements personnels et professionnels : Évaluer l'impact de votre livre implique de regarder au-delà des chiffres de distribution pour embrasser une vision plus large, englobant à la fois les retombées personnelles et professionnelles. Cette démarche d'évaluation vous amène à considérer non seulement les bénéfices tangibles, tels que l'augmentation des revenus ou l'expansion de votre clientèle, mais aussi les gains intangibles comme votre satisfaction personnelle et votre sentiment d'accomplissement.

Chaque exemplaire vendu ou offert, chaque nouvelle collaboration initiée grâce à votre livre, contribue à enrichir votre parcours professionnel, ouvrant des portes à des opportunités inédites et contribuant à l'essor de votre carrière. Mais au-delà de ces succès mesurables, c'est dans les moments de reconnaissance, dans les feedbacks des lecteur(rice)s exprimant combien votre livre a influencé leur perspective ou enrichi leur vie, que se trouve une récompense inestimable.

Chapitre 14

Encouragements pour les futur(e)s auteur(e)s

Un message de soutien et de motivation

À ce stade final, permettez-moi de tendre une main pleine d'encouragement à celles et ceux parmi vous qui, poussé(e)s par votre expertise unique et votre savoir précieux, envisagent de partager leur connaissance à travers l'écriture et la publication. Se lancer dans la création d'un livre, surtout lorsqu'il s'agit de distiller des années d'expérience et de réflexion professionnelle en chapitres cohérents et impactants, peut paraître une montagne insurmontable. Pourtant, je vous assure, le voyage est d'une richesse inestimable. Car, partager votre expertise via un livre n'est pas seulement un acte de transmission de connaissances ; c'est une invitation à influencer, à façonner et à enrichir votre domaine. Cela requiert du courage, certes, car poser son savoir sur le papier, c'est aussi s'exposer aux autres, mais c'est avant tout un acte de générosité immense. Vous offrez une partie de votre parcours, de vos découvertes, de vos succès, et même de vos échecs, pour éclairer le chemin d'autres passionné(e)s. L'écriture d'un livre professionnel est ainsi, rappelons-le, une opportunité unique de consolider votre position en tant qu'expert(e), de laisser une empreinte durable dans votre champ d'action. Chaque page que vous écrirez contribuera à bâtir un lien précieux entre vous, vos lecteur(rice)s et vos client(e)s, entre vos idées et leur mise en application. À vous qui portez en vous ce désir de partager votre expertise sans nécessairement dévoiler votre jardin secret, rappelez-vous que chaque expert(e) qui a marqué son domaine a commencé quelque part. Ils et elles ont fait face aux mêmes doutes, aux mêmes questions, mais leur volonté de contribuer à un savoir collectif les a poussés à avancer, à partager généreusement leur connaissance. Je vous invite donc, avec tout mon soutien, à embrasser cette noble quête. Le processus d'écriture et de publication est un parcours semé d'apprentissages, de défis, mais aussi de satisfactions immenses. Votre livre a le potentiel de devenir une référence dans votre domaine, un héritage de votre pensée et de votre travail. Que cet encouragement soit le vent dans vos voiles, vous poussant à débuter ce voyage exceptionnel. Le monde a besoin de votre expertise, et votre livre pourrait bien être la clé qui ouvre de nouvelles perspectives, inspirant et guidant les générations à venir. Alors, ne sous-estimez jamais l'impact que votre histoire peut avoir. Votre parcours, vos luttes, vos victoires, et votre vision ont le potentiel de résonner profondément avec d'autres, d'offrir réconfort, guidance et inspiration. Bien sûr, cela nécessite un investissement en temps et en énergie, mais rappelez-vous que vous êtes déjà habitué(e) à relever des défis et à atteindre des objectifs ambitieux. Écrire un livre est une extension naturelle de votre parcours d'entrepreneur(e), une façon puissante de renforcer votre crédibilité et d'inspirer les autres avec votre expérience et vos idées novatrices.

Alors, plongez dans cette aventure avec enthousiasme et confiance. Vous avez tout ce qu'il faut pour réussir et votre livre est l'outil parfait pour propulser votre entreprise vers de nouveaux sommets. Je suis convaincue que vous saurez relever ce défi avec brio et que votre livre aura un impact durable sur votre carrière et sur celles et ceux qui auront la chance de le lire.

N'ayez pas peur de demander de l'aide : N'hésitez pas à vous entourer de conseils et de soutien tout au long de votre voyage d'écriture. Je reste à votre écoute dans cette aventure, vous pouvez accélérer votre progression et éviter les pièges courants en demandant de l'aide.

Vous n'êtes pas seul(e) dans cette entreprise ; vous faites partie d'une communauté d'entrepreneur(e)s passionné(e)s et déterminé(e)s à réussir. Avec chaque conseil que vous intégrez et chaque pas que vous faites vers l'avant, vous vous rapprochez un peu plus de la réalisation de votre vision et de la concrétisation de vos ambitions d'auteur(e). Alors, saisissez cette opportunité avec confiance et détermination. Votre livre attend d'être écrit, et vous êtes prêt(e) à le faire briller.

Chapitre 15

Les programmes de formations et d'aides

La formation online - Les capsules vidéo

Pourquoi choisir la méthode des capsules en ligne pour écrire votre livre ?

Le temps est précieux et les agendas sont chargés, la flexibilité devient un critère essentiel dans notre quête de développement personnel et professionnel. C'est ici que la méthode des capsules en ligne se distingue comme une solution optimale. En voici les avantages :

Flexibilité et accessibilité : Les capsules en ligne permettent de suivre la formation à votre propre rythme, à n'importe quel moment et de n'importe où. Que vous soyez du matin ou du soir, que vous préfériez travailler en blocs de temps concentrés ou en sessions courtes et fréquentes, cette méthode s'adapte parfaitement à votre style de vie et à vos obligations.

Économie de temps et d'argent : En choisissant les capsules en ligne, vous économisez sur les frais de déplacement et d'hébergement qui seraient nécessaires pour une formation en présentiel. De plus, le temps passé à se déplacer peut être investi directement dans le projet d'écriture.

Apprentissage à votre rythme : Chacun a son propre rythme d'apprentissage. Les capsules en ligne permettent de revoir les leçons autant de fois que nécessaire, de mettre pause, de réfléchir sur un concept ou de sauter des sections que vous maîtrisez déjà.

Un environnement d'apprentissage confortable : Vous pouvez créer votre espace d'étude idéal, que ce soit chez vous ou même en voyage. L'environnement d'apprentissage joue un rôle crucial dans l'absorption et la rétention de l'information, et apprendre dans un espace où vous vous sentez à l'aise augmente significativement votre efficacité.

Accès immédiat aux ressources : Tout le matériel de cours est à portée de main. Pas besoin d'attendre la prochaine session ou de dépendre des horaires de classe. Les ressources, les exercices et les supports de cours sont accessibles instantanément.

Interaction et support continu : Grâce au soutien par email, vous bénéficiez d'une interaction riche avec notre équipe. Ce support est un atout majeur pour surmonter les obstacles et rester motivé(e) tout au long du parcours d'écriture.

Méthode éprouvée et adaptée à l'ère numérique : Dans une ère de plus en plus digitalisée, adopter une méthode d'apprentissage en ligne vous prépare également à la publication et à la promotion de votre livre dans l'univers numérique, compétences de plus en plus incontournables pour tout(e) auteur(e) moderne.

La méthode des capsules en ligne n'est pas seulement une alternative pratique ; elle est une révolution dans l'apprentissage qui place le pouvoir entre vos mains. Elle vous donne les outils, les techniques et la flexibilité nécessaires pour transformer votre rêve d'écrire un livre en une réalité tangible, tout en s'adaptant harmonieusement à votre style de vie et à vos engagements.

La formation en ligne est immédiatement disponible via www.murieldessyauteure.com

Le coaching individuel en ligne

Un accompagnement personnalisé pour élever votre écriture.

Si vous êtes un(e) auteur(e) en herbe ayant déjà exploré le monde de l'écriture à travers des articles, des blogs ou même un premier manuscrit, et que vous ressentez le besoin d'une structure plus solide et d'un accompagnement personnalisé, notre formation en visioconférence est spécialement conçue pour vous. Contrairement aux sessions de groupe, cette approche offre une interaction exclusive en tête-à-tête, facilitant un coaching sur mesure qui répond précisément à vos besoins et aspirations.

Voici pourquoi choisir le coaching personnalisé et exclusif :

Le cœur de cet accompagnement réside dans son approche personnalisée. En tête-à-tête, nous pouvons plonger profondément dans votre projet d'écriture, identifier les zones à améliorer, et travailler ensemble pour définir la structure de votre livre. Cette personnalisation assure que chaque conseil, chaque stratégie est directement applicable à vos besoins.

Interaction directe pour une évolution rapide : La possibilité de poser des questions en temps réel, de recevoir des feedbacks immédiats et d'ajuster le cap selon les besoins spécifiques de votre projet d'écriture est inestimable. Cette interaction directe garantit une progression rapide et aussi une compréhension profonde des concepts et techniques abordés.

Flexibilité et adaptation à votre emploi du temps : Consciente des réalités de la vie quotidienne, la formation en visioconférence est conçue pour s'adapter à votre agenda. Les sessions peuvent être planifiées selon vos disponibilités, vous permettant ainsi de progresser dans le projet d'écriture sans sacrifier d'autres engagements.

Confidentialité et espace sécurisé : Travailler en tête-à-tête crée un environnement sécurisé où vous pouvez partager librement vos idées, vos doutes et vos aspirations. Cette confidentialité encourage l'ouverture et la confiance, éléments cruciaux pour explorer pleinement votre potentiel créatif et dépasser vos limites.

Accès immédiat à des ressources ciblées : En plus des sessions en direct, vous bénéficierez d'un accès à des ressources spécifiquement choisies pour complémenter votre parcours. Ces outils sont sélectionnés pour vous assister dans l'application pratique des stratégies proposées.

Un pas vers la professionnalisation de votre écriture : Que vous cherchiez à affiner la structure de votre livre, à clarifier votre message ou à élaborer des stratégies de promotion efficaces, cette formation en visioconférence offre une route directe vers la professionnalisation de votre écriture. C'est un investissement dans votre futur en tant qu'auteur(e).

Préparation à l'autopublication ou à l'édition traditionnelle : Grâce à cet accompagnement personnalisé, vous serez mieux préparé(e) pour naviguer dans le monde de l'édition, que vous optiez pour l'autopublication ou une voie plus traditionnelle. Ensemble, nous élaborerons une stratégie qui mettra en valeur votre travail et augmentera vos chances de succès.

La formation de 7 jours en présentiel

C'est celle que je préfère. C'est LA semaine pour donner vie à votre livre.

La formation en présentiel se distingue par son approche immersive et concrète, adaptée non seulement aux auteur(e)s de fiction, mais aussi et surtout à ceux et celles qui souhaitent partager des histoires vécues, des témoignages, ou exposer leur expertise professionnelle à travers un livre. Cette formule est ma préférée, car elle englobe tous les avantages des formats numériques tout en y ajoutant l'expérience unique et tangible de l'écriture en temps réel. En une semaine, vous aurez non seulement appris comment structurer et rédiger votre ouvrage, mais vous repartirez aussi avec votre manuscrit prêt pour la relecture et les corrections.

Pourquoi privilégier la formation en présentiel pour votre projet d'écriture ?

Écriture immersive adaptée à tous types de livres : Que l'objectif soit de narrer une expérience personnelle marquante, de partager un témoignage poignant ou de mettre en lumière votre savoir-faire professionnel, cette semaine d'immersion vous permet de vous consacrer pleinement à la matérialisation du projet.

Lieux inspirants pour une créativité décuplée : Les sessions se tiennent dans des endroits choisis pour leur capacité à inspirer et à favoriser la concentration. Ces lieux propices à l'écriture vous permettent de plonger dans votre univers, qu'il soit personnel, professionnel ou inspiré de votre propre vie, dans les meilleures conditions possibles.

Feedback en direct et personnalisé : La présence physique facilite les interactions riches et un coaching ajusté à vos besoins. Que vous participiez en petit groupe ou optiez pour la version VIP pour une attention exclusive, vous bénéficiez de conseils sur mesure qui valorisent votre message et optimisent votre narration.

Choix entre la dynamique de groupe ou le coaching VIP : Selon votre préférence, vous pouvez tirer parti de l'énergie collective d'un petit groupe ou de l'attention individuelle en mode VIP. Chaque format est conçu pour stimuler la motivation et maximiser votre efficacité, en tenant compte de votre nature d'écriture et de votre projet spécifique.

Objectif clair et atteignable : L'engagement est de transformer votre idée en un manuscrit complet d'ici la fin de la formation. Ce résultat tangible est au cœur de notre promesse, vous fournissant une satisfaction immédiate et un grand pas en avant dans votre parcours d'auteur(e).

Accompagnement à chaque étape du processus : De l'idéation à la structuration du récit, qu'il s'agisse de témoignages, de réflexions personnelles ou de contenus experts, chaque phase est encadrée avec soin pour vous permettre d'exprimer au mieux vos idées et de les structurer d'une manière cohérente et impactante.

Conseils pour la suite : Au-delà de la rédaction, des orientations sur les étapes post-écriture, comme la correction, la mise en page, et les stratégies de publication et de promotion, sont aussi incluses, vous préparant à lancer votre livre avec succès, quelle que soit la voie d'édition choisie.

Le ghostwriting

La solution idéale pour concrétiser votre livre sans l’écrire.

Si l'idée de partager votre expertise ou votre histoire personnelle à travers un livre vous séduit, mais que le processus d'écriture vous semble une montagne infranchissable, notre service de ghostwriting est la solution idéale. En choisissant cette voie, vous bénéficiez d'un accompagnement sur mesure pour transformer vos idées en un manuscrit fini, sans avoir à poser vous-même la plume sur le papier.

Pourquoi choisir notre service de ghostwriting ?

Un partenariat basé sur l'expertise et l'expérience : Forts de notre expérience dans l'écriture de divers ouvrages, nous mettons notre expertise à votre service pour capturer l'essence de ce que vous souhaitez transmettre. Notre approche est de travailler étroitement avec vous pour que chaque mot de votre livre reflète fidèlement vos idées et votre vision.

Un processus collaboratif : Le ghostwriting est avant tout un travail d'équipe. Nous nous engageons à construire avec vous une relation basée sur l'écoute et la compréhension mutuelle. Chaque étape du processus est marquée par une collaboration étroite, assurant que le résultat final soit en parfait accord avec vos attentes.

Respect de votre voix et de votre message : Notre objectif principal est de faire en sorte que le livre fini sonne vrai à vos oreilles et à celles de vos lecteur(rice)s. Nous prenons soin de préserver votre « voix » à travers les mots, garantissant ainsi que le message final reste authentiquement le vôtre.

Confidentialité garantie : Nous comprenons l'importance de la discrétion dans le processus de ghostwriting. Votre projet et les informations que vous partagez avec nous restent confidentiels, vous assurant une totale tranquillité d'esprit tout au long de notre collaboration.

Flexibilité et adaptabilité : Que votre livre porte sur des expériences personnelles, des conseils professionnels, ou des réflexions sur des sujets qui vous passionnent, notre équipe s'adapte à tous les genres et thématiques.

Nous sommes là pour vous aider à structurer vos idées et à les transformer en un récit cohérent et captivant.

Un pont vers la publication : Au-delà de l'écriture de votre manuscrit, nous pouvons vous guider à travers les étapes suivantes, qu'il s'agisse de la relecture, de la correction, ou du conseil en matière de publication. Notre but est de vous accompagner jusqu'à la réalisation finale de votre projet de livre.

L’écriture collective

Une approche collaborative pour créer votre livre.

L'écriture collective représente une méthode innovante et stimulante pour celles et ceux qui souhaitent contribuer à la création d'un livre sans pour autant en assumer seul(e)s toute la charge. Ce processus se déroule en petit groupe, où chaque participant(e) se voit attribuer la rédaction d'un ou plusieurs chapitres, tous centrés autour d'un thème commun. Cette méthode de travail offre de nombreux avantages, alliant l'efficacité à la créativité partagée.

Pourquoi opter pour l'écriture collective ?

Travail partagé = charge allégée : En répartissant la rédaction du livre entre plusieurs auteur(e)s, la charge de travail de chacun(e) est considérablement réduite. Cette approche permet de produire un manuscrit complet en un temps record, chaque participant(e) apportant sa pierre à l'édifice selon ses disponibilités et ses compétences.

Richesse des idées et des perspectives : L'écriture collective ouvre la porte à une diversité d'idées et de perspectives sur le thème choisi. Le partage et la confrontation des points de vue enrichissent le contenu du livre, offrant aux lecteur(rice)s une expérience variée et nuancée.

Motivation et soutien du groupe : Travailler au sein d'un groupe sur un projet commun est extrêmement motivant. Les sessions d'écriture en présentiel créent un espace de soutien mutuel où chacun(e) peut exprimer ses doutes, partager ses réussites et bénéficier des encouragements des autres membres.

Apprentissage et développement des compétences : L'interaction avec d'autres auteur(e)s permet d'apprendre de nouvelles techniques d'écriture, de découvrir différents styles et d'expérimenter avec des approches narratives variées. C'est une occasion unique de développement personnel et professionnel pour chaque participant(e).

Rapidité de réalisation : Grâce à la division du travail, le processus d'écriture est accéléré. Les chapitres étant rédigés simultanément, le manuscrit peut être complété en une fraction du temps qu'il aurait fallu à un(e) seul(e) auteur(e).

Facilitation de la publication : Un livre issu d'un projet d'écriture collective attire l'attention par son originalité et la diversité de ses contributions.

Cette formation en présentiel est idéale pour celles et ceux qui apprécient l'interaction directe et souhaitent s'impliquer dans un projet d'écriture collective. Elle se déroule dans un cadre convivial et stimulant, où chaque séance est une occasion d'avancer ensemble vers un objectif commun. Que vous soyez novice ou plus expérimenté(e), l'écriture collective offre une belle opportunité de voir votre nom publié dans un ouvrage, tout en partageant l'aventure créative avec d'autres passionné(e)s d'écriture.

Atelier phare

Les 5 secrets des auteur(e)s reconnu(e)s pour écrire une histoire impactante

Cet atelier est une invitation à plonger dans le cœur de l'écriture narrative efficace et captivante. Conçu pour une durée d'une demi-journée en présentiel, cet atelier offre une opportunité unique de tester et d'affiner votre écriture, tout en découvrant les stratégies et techniques qui se cachent derrière les œuvres des auteur(e)s les plus influent(e)s.

Pourquoi participer à cet atelier ?

Découverte des secrets de l'écriture impactante : Nous vous révélons les cinq piliers utilisés par les auteur(e)s reconnu(e)s pour captiver leurs lecteur(rice)s dès la première page. Ces secrets, fruits d'analyses et d'études approfondies, sont dévoilés et expliqués de manière claire et accessible.

Mise en pratique immédiate : L'atelier ne se limite pas à la théorie. À travers des exercices interactifs et des mises en situation, vous aurez l'occasion de mettre directement en pratique ces techniques, permettant ainsi une compréhension profonde et une intégration efficace des concepts abordés.

Feedback constructif : Recevez des retours personnalisés sur vos exercices d'écriture. Cette approche bienveillante et constructive vise à encourager votre progression et à identifier les axes d'amélioration pour affiner votre style.

Renforcement des compétences d'écriture : Que vous soyez un(e) auteur(e) en herbe ou un(e) écrivain(e) plus expérimenté(e), cet atelier est une occasion de renforcer vos compétences d'écriture, d'élargir votre palette de techniques narratives et de gagner en confiance dans votre capacité à raconter des histoires marquantes.

Team building créatif pour entreprises : En plus d'être une formation enrichissante pour les individus, cet atelier peut être proposé en entreprise comme une activité de team building originale et constructive. Les exercices interactifs favorisent la cohésion d'équipe, stimulent la créativité collective et encouragent la communication dans un cadre ludique et inspirant.

Déroulement de l'atelier :

L'atelier se déroule sur une demi-journée, alternant entre moments d'apprentissage théorique, exercices pratiques en groupe ou individuels, et périodes de discussion et de feedback. Dans un environnement convivial et stimulant, vous serez guidé(e) par des professionnel(le)s passionné(e)s, prêt(e)s à partager avec vous les clés d'une écriture qui touche et qui transforme.

Repartez avec :

Des outils concrets pour améliorer votre écriture.

Une expérience enrichissante de travail en équipe sur des projets créatifs.

La motivation et l'inspiration pour entamer ou poursuivre vos projets d'écriture.

Cet atelier est une porte ouverte vers la maîtrise de l'art narratif, vous équipant des outils et des connaissances pour élever votre écriture. Que vous cherchiez à débuter votre premier projet littéraire ou à enrichir votre pratique d'auteur(e), « Les 5 secrets des auteur(e)s reconnu(e)s pour écrire une histoire impactante » est le tremplin idéal pour débloquer votre potentiel d'écriture.

Atelier 2

L'Intelligence Artificielle : bonne ou mauvaise idée dans l'écriture d'un livre ?

Le deuxième atelier, d'une durée d'une demi-journée en présentiel, s'attaque à un sujet d'actualité brûlant :

L'utilisation de l'intelligence artificielle (IA) dans le processus d'écriture d'un livre.

À une époque où la technologie évolue à pas de géant, cet atelier explore les avantages et les inconvénients de l'intégration de l'IA dans la création littéraire, tout en offrant des clés pour une utilisation éthique et efficace de ces outils numériques. Il est également conçu pour servir de team building innovant en entreprise, favorisant la réflexion collective sur les enjeux de l'IA dans le domaine professionnel.

Pourquoi participer à cet atelier ?

Comprendre l'impact de l'IA sur l'écriture : Démystifiez les capacités et les limites de l'intelligence artificielle dans le domaine de l'écriture. Apprenez à faire la distinction entre les opportunités qu'elle offre et les pièges à éviter.

Exercices interactifs : À travers des activités pratiques, testez directement l'impact de l'IA sur le processus créatif. Ces exercices permettent de visualiser concrètement comment l'IA peut être utilisée pour stimuler la créativité, mais aussi où elle doit laisser place à l'intuition et à l'expérience humaines.

Techniques pour éviter le plagiat : L'un des risques majeurs de l'utilisation de l'IA dans l'écriture est le plagiat involontaire. Cet atelier vous fournira des stratégies pour utiliser l'IA comme un outil d'aide sans tomber dans le piège des copies non originales.

Aide à la rédaction en entreprise : Découvrez comment l'IA peut servir de support dans la rédaction de documents professionnels, en améliorant l'efficacité sans compromettre la qualité et l'authenticité du contenu.

Team building autour de la technologie : Cet atelier offre une occasion unique de team building pour les entreprises désireuses de stimuler la réflexion de leurs équipes sur l'intégration de l'IA dans leur travail quotidien, encourageant une approche critique et créative face aux nouvelles technologies.

Ce que vous allez apprendre :

Les bases de l'IA appliquée à l'écriture : fonctionnement, avantages, et limites.

Comment intégrer l'IA dans votre processus d'écriture sans perdre votre voix unique.

Des méthodes pour garantir l'originalité de votre contenu à l'ère de l'IA.

L'impact potentiel de l'IA sur le futur de l'écriture et de la publication.

Comment l'IA peut améliorer la collaboration et la productivité en milieu professionnel.

Déroulement de l'atelier :

La session se déroule en présentiel sur une demi-journée, alternant entre apports théoriques sur l'IA dans l'écriture, discussions en groupe pour explorer ses implications éthiques et pratiques, et exercices interactifs pour expérimenter directement son utilisation. L'objectif est de vous fournir une compréhension équilibrée et nuancée de l'IA comme outil d'écriture, vous permettant de prendre des décisions éclairées quant à son intégration dans vos projets littéraires ou professionnels.

Repartez avec :

Une vision claire des possibilités et des défis posés par l'IA dans l'écriture.

Des outils pratiques pour intégrer l'IA de manière éthique et originale dans vos travaux.

Une expérience de team building unique, renforçant la cohésion d'équipe autour d'un sujet d'avenir.

Cet atelier est une opportunité d'ouvrir le débat sur un sujet controversé, de démystifier l'intelligence artificielle et de découvrir comment, utilisée judicieusement, elle peut devenir une alliée précieuse dans l'écriture et la communication professionnelle.

Chapitre 16

Services et outils d'AutoEdit Alliance

Voici l'ensemble des services et outils que nous avons conçus pour répondre à tous les besoins d'un(e) auteur(e), de l'idée initiale jusqu'à l'autoédition, sans oublier la publication et la promotion de son livre.

- Coaching individuel en écriture en version standard, business ou VIP
- Écriture collective
- Écrire son livre en 1 semaine en présentiel
- Visioconférences thématiques sur l'écriture et la publication
- Planification et organisation de projet d'écriture
- Ghostwriting
- Ateliers de team building en entreprise autour de l'écriture
- Atelier sur les secrets des auteur(e)s reconnu(e)s pour écrire une histoire impactante
- Atelier sur l'utilisation de l'IA dans l'écriture
- Outils d'aide à l'écriture basés sur l'IA

- Création d’un chatbot personnalisé avec informations sécurisées. Service agréé aux produits médicaux.
- Plateforme d'écriture de livre en ligne (capsules vidéo)
- Ressources éducatives sur les techniques d'écriture
- Services de relecture et correction
- Conseils en marketing et promotion du livre
- Services de conception de couverture et mise en page
- Service d’aide à la publication en autoédition
- Protection des droits d'auteur(e)
- Aide à la gestion des revenus et des royalties du livre
- Mise en relation avec un expert fiscaliste des droits d’auteur(e)

Vous avez une autre question ?

N’hésitez pas à nous poser votre question via : **autoeditalliance@gmail.com**

Chapitre 17

Histoires de nos entrepreneur(e)s auteur(e)s

Crédibilité et visibilité pour Séverine :

Je suis Séverine Sibille, aromathérapeute et formatrice en massage Raindrop, auteure de l'ouvrage « Ça suffit, change ta vie – Moi, je crois en toi » - https://amzn.to/48YFAyK. Ce livre est le fruit de mon parcours, marqué par un changement de vie tant personnel que professionnel. Il vise à inspirer les femmes à reprendre leur pouvoir et à avancer sur leur véritable chemin. À travers mon récit, je partage les réflexions sur l'influence de notre enfance sur notre vie adulte, l'identification et le lâcher-prise de fardeaux familiaux longtemps portés, ainsi que les outils qui m'ont aidée à me transformer et à renaître. Je dévoile également les étapes de ma reconstruction, hors des conventions sociétales, avec la création de mon entreprise unique et de mon refuge, le Chalet Aroma, en surmontant les obstacles qui ont finalement renforcé ma détermination. L'écriture de ce livre a été un tournant décisif, me permettant de clore avec fierté et sérénité une période de ma vie, tout en prenant conscience du chemin accompli. Ce voyage littéraire, pensé pour chaque femme croisée et potentiellement impactée, est une source d'énergie vibrante pour moi.

Ce livre sert avant tout à transmettre un message de confiance et d'espoir : chaque femme a le droit de reprendre son pouvoir. Si j'ai pu le faire, vous le pouvez aussi. Depuis sa publication, la perception de ma communauté et de mon entourage a fortement évolué. Je n'en croyais pas mes yeux ! Devenir auteure m'a élevée à un nouveau niveau de reconnaissance auquel je ne m'attendais pas, renforçant ma crédibilité et ma visibilité. Les interactions se multiplient, l'agenda se remplit, et les opportunités de collaborations, comme des conférences et des rencontres avec des journalistes, affluent. Les retours positifs sur mon livre confortent ma mission envers les femmes, et la distribution de mon livre s'étend grâce à l'intérêt local. Mon autorité et la confiance accordée par mon public se sont intensifiées, transformant durablement la façon dont les client(e)s me perçoivent. J'encourage désormais mes client(e)s, ami(e)s et collègues à écrire à leur tour, convaincue que l'évolution de l'humanité s'articule autour du partage de nos expériences et savoirs. Pourquoi ne seraient-ils (elles) pas les prochain(e)s ? et pourquoi pas vous ?

Séverine

Libérer la parole des victimes d’abus par l’écriture thérapeutique pour Dr Tassart :

Je m'appelle Sandra Tassart, je suis Docteur en gynécologie.

Mon ouvrage, « Et si on en parlait... », se veut un soutien pour les femmes ayant traversé des épreuves d'abus. Le livre offre le récit d'une personne qui a enduré des abus pendant sa jeunesse et qui met en lumière l'importance de la communication et de la quête d'aide.

L'écriture du livre a servi de canal pour exprimer mes sentiments, les obstacles, et mes aspirations face aux défis posés par les abus intrafamiliaux et le silence de la société face à cette violence. Je conseille l'écriture comme moyen de libération de la parole, car parler de ces traumatismes reste un défi.

Le récit se concentre sur Mona, une enfant joyeuse et épanouie, qui a été confrontée à des abus chez elle. Parvenant à en parler à son adolescence, elle trouve une certaine sérénité. Plus tard, elle se lance dans des études de médecine, où elle rencontre son conjoint et se confie de nouveau. Mona s'est toujours intéressée à d'autres formes de thérapie, convaincue que la guérison va au-delà du traitement physique pour englober également le bien-être psychique. En explorant la pleine conscience, elle affronte et reconnaît les souffrances endurées durant son enfance, longtemps négligées. À l'âge de 40 ans, après un long chemin de guérison et avec l'appui d'une psychologue, elle partage ce secret avec sa famille. Elle souhaite également être reconnue par son agresseur, à qui elle décide de s'adresser, marquant une étape cruciale de son processus de libération. Mona est un exemple d'authenticité, ayant porté ce secret toute sa vie.

Je suis inspirée par son courage. Son histoire, parmi tant d'autres, invite à rompre le silence, à libérer la parole pour faire place à la joie et à la liberté.

Nous, les soignants, avons un rôle crucial : soyons à l'écoute de nos patientes pour les aider à oser en parler.

Dr Sandra Tassart

Augmentation spectaculaire des ventes chez Lyriange :

Je m'appelle Paulette Devalet, et je suis l'auteure du livre « La spiruline et moi, une histoire d'amour ».

J'ai écrit ce livre pour partager mon expérience de 37 ans auprès de mes équipes et de mes clients, mais surtout ma propre expérience avec ma famille. J'ai découvert la spiruline à l'Université de Liège, grâce à une rencontre avec le professeur Sironval ; avec son équipe, ils ont étudié ce superaliment pendant plus de 40 ans. La spiruline équilibre notre bol alimentaire et comble nos carences grâce à sa richesse en nutriments tels que les vitamines, minéraux, oligoéléments, oméga, etc... J'ai choisi de proposer la spiruline via un système de vente à domicile, car j'adore la proximité que l'on a avec les personnes lorsqu'on les rencontre pour une soirée conviviale dans le salon d'une amie. C'est grâce à ces partages amicaux que, depuis 37 ans, mon équipe Lyriange et moi-même aidons les femmes à prendre soin d'elles et de leur famille avec des produits de qualité, naturels et bio.

Dans ce livre, vous découvrirez toutes les expériences vécues par ma famille, mes amis et mes connaissances suite à une consommation régulière de spiruline de qualité. La qualité est essentielle, et je ne fais aucun compromis sur celle de la spiruline que je propose ! Je m'investis également dans l'aide aux personnes malnutries, mon premier projet est en cours en Inde. N'hésitez pas à nous suivre sur Facebook : Le Sourire de Cloé.

Dans mon livre, vous trouverez des recettes, des témoignages, des conseils d'utilisation et des histoires simples. Écrire ce livre m'a permis d'être encore plus dans le partage avec mes lecteurs et consommateurs. C'est également un formidable support pour mes distributrices lors des démonstrations à domicile. Mon livre est sorti en juin et, pour fin décembre, j'avais vendu 1 000 exemplaires... Très rapidement après la sortie de ce livre, qui est un geste d'amour, nous sommes tombés en rupture de stock de spiruline (1 tonne vendue) ... et ce, pour notre plus grand bonheur !

Si ce superaliment vous intrigue et que vous voulez en savoir plus, si vous êtes partant/e pour une rencontre, une conférence avec vos amis et connaissances, ou si une activité de bio-conseillère vous intéresse parce que vous aussi êtes dans le partage, contactez-moi ! (info@lyriange.be)

Paulette DEVALET, Fondatrice Lyriange

Thérapie pour Christine :

Je suis ce qu'on pourrait appeler une sophrocoach, un mélange subtil de respiration, de conscience et de verbalisation. Mon nom est Christine Gilles, mais mes ami(e)s m'appellent Kristie. Je suis l'auteure du livre « Le courage de la fragilité ». J'ai rédigé cet ouvrage dans le but d'accompagner les personnes hypersensibles, les HP, à reprendre le contrôle de leurs émotions et à réaliser que tout est envisageable, que nous sommes des êtres de pleine puissance. Dans cette existence en perpétuel mouvement, rien n'est figé, et nous avons le pouvoir de le façonner à notre guise. En abandonnant notre posture de victime pour assumer nos responsabilités, nous accédons à l'Éden, ce jardin où tout est possible. J'ai partagé avec amour les clés qui m'ont permis d'atteindre ma position actuelle, de dissiper le brouillard dans lequel je m'étais embourbée pendant des années. Peu importe notre passé, nous pouvons l'utiliser comme un levier pour améliorer notre présent. Chaque être humain a des rêves, des objectifs, c'est inhérent à notre nature. Quels qu'ils soient, nous avons le droit de les poursuivre. Le bonheur est un droit fondamental pour chaque individu. J'ai moi-même parcouru ce chemin d'apprentissage de l'abondance. C'est un cheminement de pleine conscience, une exploration émotionnelle marquée par la libération des tensions et des émotions. Ce qui me passionne dans le développement personnel, ce n'est pas tant le résultat que le parcours lui-même. En nous faisant confiance, ce chemin nous réserve tant de rencontres enrichissantes, de bien-être et d'expériences. Lorsque nous atteignons nos objectifs et que nous regardons en arrière, nous sommes souvent emplis de souvenirs positifs. La sophrologie est un outil utile pour ceux qui ont du mal avec la verbalisation, tandis que le coaching permet un travail en profondeur en laissant place à la créativité tout en se connectant à l'inconscient. Ces deux approches me permettent de vivre dans l'abondance, la joie et le bonheur. Elles me permettent de transformer le négatif en positif et d'apprécier la vie pleinement, en voyant le verre à moitié plein plutôt qu'à moitié vide. Écrire ce livre a été thérapeutique pour moi également, car j'ai pu déposer sur papier mon histoire alors que la blessure était encore vive. Cela m'a permis une belle cicatrisation. C'est pourquoi je proposerai à mes client(e)s d'écrire leur propre histoire à travers un livre, comme une forme de thérapie pour apaiser les tourments du passé qui les hantent encore.

Kristie

Pour plus de visibilité, un pari réussi dans l'autoédition par Emilie :

Je suis Emilie Gomez, autrice passionnée par les univers de l'imaginaire, naviguant entre fantasy, fantastique, science-fiction et romance. Mon roman en autoédition, « Par-delà l'horizon », tisse ensemble mythes et magie, enrichis d'une romance subtile et d'une nuance de dystopie. Il raconte le périple de deux siréniens, issus des abysses et fondamentalement différents, qui sont forcés de collaborer pour réaliser leurs aspirations : la survie pour l'un, la quête des siens pour l'autre. Leur odyssée les confronte à divers défis, les amène à questionner certains tabous sociaux, à explorer une île écossaise enveloppée de mystères, ses coutumes, et à s'aventurer dans les profondeurs océaniques.

L'inspiration pour « Par-delà l'horizon » m'est venue suite à la lecture d'un ouvrage similaire, déclenchant un flot d'idées et de mondes à explorer. Écrire est pour moi une échappatoire, un moyen de plonger dans un espace de créativité illimitée. Ce roman a été à la fois mon évasion et une occasion d'apprendre, me conduisant à explorer l'île de Skye, le village de Dunvegan, et les secrets des fonds marins.

L'écriture a finement ciselé ma plume. Je recommande ardemment à quiconque rêvant d'écrire de se lancer dans cette aventure. Le meilleur conseil que je puisse offrir est simple : écrivez ! Ne vous arrêtez pas au sentiment que votre travail n'est pas à la hauteur. Chaque premier jet est le commencement potentiel d'une œuvre majeure, un diamant brut à façonner jusqu'à révéler son éclat.

Mon engagement dans l'autoédition découle de ma volonté de me faire connaître, tout en bénéficiant d'une liberté créative sans les entraves des éditeur(trice)s traditionnel(le)s. Cette démarche promet une plus grande liberté, possiblement un meilleur revenu, bien qu'elle nécessite davantage d'effort. L'assistance reçue dans le processus d'autoédition a été cruciale pour avancer sereinement dans cette aventure, jalonnée d'embûches, particulièrement pour les novices.

Je vous invite à découvrir mon travail et, si l'envie d'écrire vous titille, lancez-vous ! N'hésitez pas à chercher de l'aide pour les aspects administratifs et de publication ensuite.

Emilie

Renforcement des compétences en écriture pour Laëtitia :

Bonjour à vous, futur(e)s auteur(e)s entrepreneur(e)s.

Je me présente, Laëtitia Faubert-Galand, une plume naviguant dans l'océan envoûtant de la fantasy sous différents noms d'autrice, soit Laëwen Gala, ou encore Laëtitia Galand. Mais avant tout, je suis une maman comblée par trois enfants qui ont allumé la flamme de ma passion pour l'écriture. Mon premier voyage dans le monde de l'écriture, qui a donné un coup d'envoi à ma carrière d'autrice, est une trilogie que j'ai baptisée « Wess Fairy, le sceptre de la sagesse ». Actuellement, je peaufine mon deuxième ouvrage, "Le royaume de Oën ou la montre du temps". Mon désir d'écrire est né d'une volonté profonde de donner vie à mes idées et de partager ce feu sacré avec le monde. Je souhaite prouver à chacun(e) d'entre vous qu'écrire un livre est une aventure accessible, à la portée de tous ceux et celles qui ressentent le désir ardent de raconter une histoire. C'est un parcours que j'ai moi-même emprunté, malgré mes débuts modestes en rédaction. Aujourd'hui, je suis là pour vous encourager à faire de même.

« Le Royaume de Oën » est bien plus qu'une simple histoire : c'est un appel à l'aventure, une invitation à explorer des contrées mystérieuses et magiques. Je vous emmène dans un voyage où la magie se mêle au mystère, où chaque page tourne un nouveau chapitre de révélations et de découvertes. En suivant les pas de Faye et Alysea, vous découvrirez un monde rempli de merveilles et d'énigmes captivantes. J'ai écrit ce livre dans le but de divertir, d'inspirer et de stimuler la réflexion. Je veux que mes lecteur(rice)s ressentent l'excitation, la passion et l'émerveillement qui m'animent lorsque je plonge dans l'univers de la fantasy. Mon objectif est de vous montrer que vous aussi, en tant qu'entrepreneur(e)s, avez le pouvoir de créer et de partager des histoires qui captivent et inspirent.

En résumé, l'écriture de ce livre a été pour moi une aventure exaltante, une occasion d'explorer mon imagination et de renforcer mes compétences en écriture. Si j'ai pu réaliser ce rêve, alors vous le pouvez aussi. Je vous invite à croire en vous-même, à embrasser votre créativité et à vous lancer dans cette merveilleuse aventure de l'écriture. Que votre plume soit votre guide et que votre histoire illumine le monde.

Laetitia

Transmettre passion et savoir en immobilier pour Amaury :

Je m'appelle Amaury Hermanns, et je suis le fondateur du groupe immobilier Hermanns Real Estate. Aujourd'hui, nous sommes un groupe immobilier international, proposant des services innovants dans tous les domaines de l'immobilier : vente, location, gestion de patrimoine privé, et syndic de copropriété. Je suis l'auteur du livre « Clé par clé, devenez le héros de l'immobilier ».

La raison principale qui m'a poussé à écrire ce livre était de partager ma passion. Ma passion pour l'immobilier, bien sûr, mais aussi celle de transmettre mon savoir et mon bonheur à une équipe collaborative et constructive. À cette équipe, et à nos client(e)s, je souhaite offrir mon aide tous les jours dans leurs projets de vie immobilière. Ce livre est le témoignage de la passion qui brûle en moi et au sein de mon équipe grandissante, une passion de transmettre pour pérenniser. Nous désirons créer et partager ce bonheur, afin que même après nous, l'histoire continue. Nous voulons que les personnes formées selon les valeurs d'Hermanns Real Estate puissent, à leur tour, former leurs équipes et aider toujours plus de clients à réaliser leurs projets immobiliers.

Ce que vous découvrirez dans mon livre, c'est avant tout un partage, une révélation sur la passion de l'immobilier et comment la transmettre à son équipe en tant que professionnel(le) de l'immobilier. C'est une approche tellement innovante et inspirante qui, en suivant les valeurs d'Hermanns Real Estate, vous permettra, ainsi qu'à vos équipes, de devenir les héros et héroïnes de vos client(e)s. Les héros et héroïnes de l'immobilier.

Écrire ce livre m'a apporté une confiance supplémentaire dans cette mission de transmettre ce savoir, cette passion. Cela m'a également conféré un surplus de crédibilité auprès de mes collaborateur(rice)s ainsi qu'envers nos client(e)s. C'est une véritable carte de visite de professionnalisme. Nous sommes devenus créateurs d'une marque innovante et performante. Une marque capable de former ses équipes selon des standards bien définis tout en respectant ce mot d'ordre tellement important : le partage de sa passion et de ses émotions envers son équipe et ses client(e)s afin de pérenniser cette relation jusqu'à l'accomplissement de leurs projets.

Je propose d'ailleurs à mes collaborateur(rice)s d'écrire eux aussi un livre pour partager leur passion. Nous sommes, en équipe avec les responsables de départements et d'agences, en plein brainstorming pour écrire un livre ensemble sur nos ressentis professionnels et sur l'expérience inédite que nous faisons vivre à nos client(e)s. Car il est d'une importance capitale pour nous tous et toutes, au sein d'Hermanns Real Estate, de vivre et de faire vivre à tous une expérience inouïe tous les jours grâce à notre passion. Ce livre, que vous soyez un(e) professionnel(le) de l'immobilier ou en devenir, vous permettra de rejoindre les rangs d'Hermanns Real Estate afin de partager à votre tour ce bonheur, cette passion autour de vous.

Suivez-nous sur www.ahre.be

Amaury

Se débarrasser du syndrome de l'imposteur, enseigner, structurer. Un accomplissement pour Françoise :

Ecrire,

J'ai toujours aimé écrire. Les livres ont toujours fait partie intégrante de ma vie. Écrire, que ce soit une simple carte postale ou une carte d'anniversaire, écrire des mots d'émerveillement, des encouragements, des mots d'amour à ceux que j'aime. Écrire un travail de fin d'études. Et finalement, écrire chaque matin.

Puis, soudainement, oser écrire un Ebook, puis un autre, et encore un autre, pour partager des clés, des conseils avec ces mamans d'ados. Écrire pour leur enseigner « l'adolangue », car depuis quelques années, je suis plongée au cœur de l'humain, plus particulièrement des adolescents. Il ne restait plus qu'un pas à franchir pour entamer l'écriture d'un livre.

Mais qui suis-je pour oser écrire un livre ? Tellement de choses à dire, tant de désir de « tout dire » dans un livre. Tout a commencé par une décision, sans penser au comment aller jusqu'au bout. Le sujet est tout trouvé : écrire sur ma passion, mon métier.

Mais comment écrire seule ? Comment intégrer les moments d'écriture dans le quotidien ? Comment s'autoriser à prendre du temps pour son propre rêve ? D'un autre côté, comment ne pas vouloir partager, donner un peu de soi, de sa connaissance et de son expérience ?

Après des mois, le sujet est clair et la structure prend forme. Le plus dur arrive : la rédaction. Les mois passent, mais en même temps, écrire et finaliser mon propre livre prend de plus en plus de sens. Tout est là : le sujet, la connaissance, l'expérience du sujet, le plaisir jusqu'à l'importance pour le développement de mon activité et de ma visibilité.

Alors, pourquoi est-ce que je ne me donne pas les moyens ? Manque de légitimité, ce fameux perfectionnisme qui me colle à la peau et qui me pousse à la procrastination. Et si c'était surtout la solitude face à son carnet ou son clavier ?

Ce jour où tout a semblé possible.

J'ai l'habitude de décider en suivant mon intuition. Alors, quand une personne m'a parlé de Muriel et de sa méthode pour écrire un livre, je me suis dit que c'était un signe. Ce fameux entretien téléphonique, et je réalise que j'ai trouvé ce qui me manquait pour aller jusqu'au bout de ce livre.

Partir, quitter mon quotidien. Être avec plus qu'un guide, un mentor. Car Muriel avait puisé sa méthode à la source, l'avait appliquée et créé sa propre méthode où le temps est suspendu pendant une semaine entière. Cette semaine d'écriture en groupe, avec des directives bien précises chaque jour. Je n'étais pas là pour rigoler, mais pour atteindre mon challenge. Cela ne m'a pas empêché de garder le sourire.

Je repars avec l'entièreté de mon manuscrit, et toute la méthode pour le finaliser. Rien n'est oublié, tout est donné avec générosité. Tout ? Non, Muriel a encore plus d'un tour dans son sac. Car elle sait ce qui arrive quand on redescend sur terre. C'est à ce moment que le véritable défi arrive, et Muriel garde le contact, continue à croire en moi et en la réalisation de ce livre.

Impossible de laisser ce manuscrit dans un tiroir. Impossible de ne pas lui répondre, impensable de me décevoir, même si la tâche est inconfortable. Pas le temps de s'arrêter à cause de questions sans réponses, car Muriel a les réponses !

Aujourd'hui, mon livre existe, il est publié et disponible sur Amazon. « Devenir une mère inspirante » au cœur de la tempête de l'adolescence.

Écrire un livre avec Muriel, c'était suivre les petits cailloux sur le chemin. Faire taire la petite voix qui ne veut pas nous mettre dans l'inconfort de l'écriture. Écrire son livre, c'est sourire à chaque fois que tu le donnes à quelqu'un. C'est recevoir un sourire en retour. C'est faire partie de ceux qui osent dévoiler une partie d'eux-mêmes. Écrire, c'est à la fois reconnaître sa valeur, avec le cœur.

Écrire, c'est un accomplissement. Avoir son propre livre est un cadeau, d'abord pour soi, ensuite pour l'autre. J'ai écrit mon livre uniquement pour une seule personne. La première qui m'a dit : « Votre livre a changé ma perception de mon ado et mon quotidien est plus doux aujourd'hui ».

Ma rencontre avec Muriel est une nouvelle étape, tant dans ma vie professionnelle que personnelle.

France André

www.franceandre.fr

Développer l'art et l'expertise par Catherine :

Je m'appelle Catherine Vandergeten et j'exerce en tant que logopède. Je suis l'auteure de « La cocréation en logopédie », un ouvrage dédié à enrichir la pratique de la logopédie avec des trucs et astuces innovants.

Mon intention en écrivant ce livre est de venir en aide aux logopèdes débutant(e)s ainsi qu'aux professionnel(le)s expérimenté(e)s cherchant à aborder la logopédie sous un angle différent, désireux(ses) de découvrir de nouveaux outils créatifs et faits main.

Mon livre propose :

Une méthode innovante et personnalisée de cocréation en logopédie, résultant de plus de quinze ans d'expérience.

Des outils créatifs et artisanaux conçus spécifiquement pour répondre aux défis courants des apprentissages.

Des ressources ludiques accessibles à toutes et tous, intégrant l'approche par le mouvement, tirée de ma formation en psychomotricité, à mon expertise en logopédie et en thérapie cocréatrice, pour une méthode globale particulièrement efficace.

Une plongée dans les dernières approches de motivation et de gestion du stress selon l'ANC (approche neuro cognitive et comportementale), destinée à aider à gérer les situations de stress et de perte de motivation fréquemment rencontrées par les enfants confrontés à des apprentissages difficiles.

L'écriture de ce livre m'a procuré une grande joie, bien que j'étais anxieuse au début. Muriel, ma mentor en écriture, a su me rassurer et révéler tout le potentiel qui résidait en moi.

L'artiste en moi a pu s'exprimer à travers ce livre. Bien que je ne me considère pas comme une écrivaine, il y a plus de 30 ans, j'avais co-écrit des livres pour enfants avec deux associées, ma maman illustratrice et ma cousine institutrice. Ensemble, nous avons créé des livrets d'apprentissage de la lecture destinés aux enfants de première et deuxième primaire. Sans autre ambition que de nous amuser et d'inventer ensemble. Nous avons travaillé pendant plus d'un an, nous rencontrant une ou deux fois par mois, comme convenu avec notre maison d'édition, pour les concevoir.

À seulement 22 ans, ces livres ont connu un franc succès. « Je lis avec Chatouille » s'est vendu à plus de 400.000 exemplaires pendant 34 ans... Une véritable réussite dont je suis très fière. En récupérant les derniers invendus, j'ai redécouvert cette belle aventure et cela m'a donné l'envie de poursuivre... Ce nouveau livre, que j'écris seule, est le fruit de cette inspiration. Il est destiné aux logopèdes et j'espère qu'il leur offrira des idées et des astuces inspirantes. J'aborde la cocréation dans cet ouvrage, une approche qui peut sembler floue pour beaucoup mais qui m'a été inspirée il y a plus de quinze ans par la psychologue Dominique Dethier. Pendant plus de trois ans, j'ai suivi sa formation en thérapie cocréatrice, ce qui a marqué un tournant dans ma pratique de rééducation. Cette méthode innovante et intégrée m'a encouragée à inventer, créer et enrichir mes séances de rééducation, en offrant aux patient(e)s un véritable espace d'échange et de possibilités. La magie a souvent opéré, et de magnifiques outils ont émergé de ces interactions, conçus intelligemment pour s'adapter parfaitement à chaque individu... Les enfants étaient ravis et les séances devenaient plus enrichissantes, vivantes et joyeuses.

La logopédie, telle que je souhaitais la pratiquer, a peu à peu pris forme... Je veux partager cette expérience dans mon livre, fruit de cette rencontre inspirante qui m'a nourrie et donné des ailes pour explorer la logopédie à ma manière, avec mes propres couleurs... Je suis impatiente de partager mes découvertes avec d'autres logopèdes, espérant toucher et intéresser certains d'entre eux avec les outils que j'ai développés au fil du temps. En écrivant ce livre, je souhaite également rendre hommage à tous ces enfants inspirants qui m'ont tant apporté et avec qui j'ai partagé de véritables moments de créativité et de joie.

Ce livre tout récent assoira ma crédibilité et augmentera ma visibilité dans ma profession. De plus, l'opportunité d'un revenu passif en tant qu'auto-éditée et les avantages associés aux droits d'auteur(e) ne sont pas négligeables.

Pour entrer en contact avec moi ou commander mon livre, écrivez-moi : vandergeten.catherine@gmail.com

Catherine

Partager pour unir : Nouvelles voies vers l'harmonie en entreprise pour Cédric

Rêvez-vous parfois d'un monde ou d'une entreprise où le responsable fait vraiment de l'équipe ? Un groupe dans lequel chacun écoute et est écouté ? Dans lequel chacun partage sa passion et adhère au projet de l'équipe, les uns et les autres s'adaptant de manière spontanée et flexible aux individus, aux contraintes et aux circonstances ? Je m'appelle Cédric Dufour et je suis l'auteur du livre « Du Cœur au Cœur des Entreprises ». Depuis plusieurs années, j'accompagne les individus et les entreprises dans leur transformation vers de nouveaux paradigmes d'organisation et de communication, axés sur l'humain et basés sur le cœur. Ce livre est la synthèse de 30 ans de formation continue en Tai Chi, biologie quantique, travail énergétique, coaching, développement personnel et gestion d'entreprises. 30 ans de questionnements et de remises en question, recherchant en permanence comment « faire autrement ». Comment revisiter l'organisation, dite classique, des entreprises ? Comment mettre en place une logique de cercles vertueux pour intégrer les relations entre les personnes à différents niveaux afin de rendre celles-ci fluides, authentiques, inclusives,... et qu'elles facilitent la cocréation et le dépassement des objectifs, tant au niveau individuel que collectif ?

Dans ce livre, je détaille chaque qualité du cœur car elles sont essentielles dans la mise en place de ce nouveau paradigme. Mettre le Cœur au Cœur de l'Entreprise est la seule manière de favoriser l'harmonisation et la dynamisation des relations et de tout ce que l'équipe entreprendra comme projet.

En créant il y a quelques années le Tai Chi Transformationnel©, je souhaitais mettre à disposition de mes élèves des outils qui leur permettent de prendre conscience de leur état, de leurs peurs, de leurs limites et de pouvoir les transformer de manière efficace. Cette démarche a vite dépassé le cadre de mes cours collectifs puisque je l'ai mise en pratique dans mes accompagnements individuels, mes équipes sur les projets et lors de mes missions de consultance en entreprise. Cette vision du monde, loin d'être utopique, fonctionne réellement, et chacun a tout à y gagner, tant au niveau managérial qu'au niveau des salariés. Principalement basée sur des perceptions et des images qui me viennent du Tai Chi ou du monde quantique, sa mise en place me motive chaque jour. Ce livre est aujourd'hui la continuité de cette approche. À travers 8 axes d'analyse, je partage cette expérience quotidienne dans le monde de l'entreprise et je révèle comment j'ai pu la mettre en place, à mon échelle. J'ai veillé également à articuler mes pensées de manière plus linéaire et plus compréhensible pour des personnes novices à ce genre de concepts. Si le titre du livre vise plutôt les entreprises, cet ouvrage s'adresse en fait à chaque individu, chaque groupe ou chaque équipe qui souhaite s'ancrer dans une logique de vie où la passion, l'estime de soi et des autres sont les moteurs de chaque pensée, de chaque décision, de chaque action.

À tous mes lecteurs : prenez un cahier lorsque vous lisez ce livre et notez vos ressentis, vos expériences et les évolutions observées. Prenez le temps d'expérimenter et de tester dans votre corps ces concepts qui peuvent vous sembler abstraits ou contre-intuitifs par rapport à l'éducation qu'ils ont reçue. Testez-les dans votre entourage, vos cercles d'activité ou votre environnement professionnel. Contribuons ensemble à construire ce monde de demain !

Pour prendre contact ou plus d'informations par rapport à nos nombreuses activités organisées autour de cette problématique, n'hésitez pas à visiter le site www.empower-yourself.today.

Cédric

Chapitre 18

Ceci n'est pas une fin :

Lancez votre livre carte de visite avec nous

Au fil de ces pages, nous avons parcouru ensemble un voyage exceptionnel à la découverte du pouvoir transformatif d'un livre carte de visite. Nous vous avons révélé l'impact profond que peut avoir votre propre livre, non seulement sur votre carrière, mais aussi sur votre vie personnelle. Le pourquoi et le comment devenir auteur(e) d'un tel ouvrage ont été détaillés, vous offrant une vue panoramique des possibilités infinies qui s'offrent à vous.

Vous avez été témoin de récits inspirants, de « success stories » authentiques qui ont transcendé tous les styles et genres. Ces témoignages de réussite ne sont pas des cas isolés, mais des preuves vivantes de ce que la réalisation d'un livre carte de visite peut apporter : reconnaissance, impact, et un réseau élargi.

Nous vous avons présenté nos programmes, conçus pour s'adapter à chaque auteur(e), à chaque histoire. Notre engagement ? Vous accompagner à chaque étape de votre projet d'écriture, que vous choisissiez d'écrire votre livre avec nous ou de nous confier la plume pour le rédiger selon vos attentes et vos besoins.

La question n'est plus de savoir si vous êtes prêt(e) à écrire, mais comment nous allons ensemble transformer votre vision en réalité. Opter pour les services d'AutoEdit Alliance, c'est choisir un partenaire d'excellence, qui combine expertise, bienveillance, et un profond respect pour votre voix unique. Nous forgeons des destinées, avec un peu de magie, beaucoup de café, et une pincée d'humour pour que le processus soit non seulement fructueux, mais aussi agréable.

Votre livre carte de visite est la passerelle entre le monde tel qu'il vous connaît et tel que vous souhaitez être reconnu(e). C'est votre empreinte indélébile dans votre domaine, un héritage qui parle avant même que vous n'entriez dans la pièce. Chez AutoEdit Alliance, nous ne créons pas simplement des livres, nous forgeons des destinées.

Alors, êtes-vous fin prêt(e) à marquer l'histoire avec votre livre ? À faire de votre nom une référence incontournable dans votre domaine ? Ensemble, façonnons le livre qui vous ouvrira non seulement des portes mais de nouveaux horizons.

Avec AutoEdit Alliance, franchissez le pas : écrivez votre avenir, et laissons le monde découvrir qui vous êtes vraiment, en version originale et non censurée.

Car ceci n'est pas une fin, mais le début de votre histoire d'impact et de réussite.

Chapitre 19

Ils l'ont dit !

Victor Hugo : Écrire, c'est une façon de parler sans être interrompu.

J.K. Rowling : Vous pouvez toujours modifier un mauvais texte ; vous ne pouvez pas modifier un texte inexistant.

Margaret Atwood : Une parole après l'autre, c'est le seul moyen d'écrire.

Brené Brown : Peu importe ce que vous écrivez, raconter votre histoire peut être le cadeau le plus puissant que vous puissiez offrir au monde.

Thomas Carlyle : Le vrai universitaire de notre temps est un homme qui écrit des livres.

Virginia Woolf : Écrire est comme le sexe. D'abord, on le fait pour soi, et puis on se dit qu'on pourrait aussi faire plaisir à quelques autres.

Alexandre Jardin : Écrire, c'est dessiner une porte sur un mur infranchissable, et puis l'ouvrir.

Bernard Werber : Chaque livre a une âme, l'âme de celui qui l'a écrit et l'âme de ceux qui l'ont lu et vécu et rêvé avec lui.

Paulo Coelho : Écrire est une activité solitaire qui nous relie au reste du monde.

Isabelle Allende : Ecrivez ce qui ne doit pas être oublié

Jules Renard : Ecrire, c'est une façon de parler sans être interrompu

Jack Canfield : Si vous voulez réussir, vous devez écrire un livre. C'est absolument le meilleur moyen de vous positionner en tant qu'expert dans votre domaine.

Elizabeth Gilbert : Faites confiance à ce que vous aimez, continuez à écrire et cela vous mènera quelque part.

Remerciements

Merci à toutes les personnes qui ont aidé à la réalisation de ce livre, et notamment :

Merci Céline Dandois pour tes corrections efficaces et précieuses. Ta collaboration et ton soutien m'ont été plus que précieux dans la réalisation de ce livre.

Merci Doris Dethier pour la relecture et l'aide à la mise en page.

Merci à Solange Verhaghen pour l'aide logistique et commerciale.

Merci aux personnes citées dans ce livre qui m'ont inspirée : Alexandre Mars, Julia de Funès, Dr Eric Topol, Frida Kahlo, Robert Kiyosaki, Timothy Ferriss, Sheryl Sandberg, Brené Brown, Thomas Carlyle, Virginia Woolf, Alexandre Jardin, Bernard Werber, Margaret Atwood, Paulo Coelho, JK Rowling, Victor Hugo, Jules Renard, Jack Canfield, Elizabeth Gilbert, Isabelle Allende et René Magritte.

Merci à Etienne Van de Kerckhove pour la confiance que tu m'as accordée dans le cadre de la formation « Publie ta Passion et Gagne Gros » que nous avons eu l'immense joie de délivrer ensemble aux client(e)s d'Es Sense.

Merci à mes ami(e)s, élèves, client(e)s, pour la confiance accordée dans le cadre de la réalisation ou de la promotion de vos livres.

Merci à Gerry Robert, l'auteur de « Publish a book and grow rich » qui m'a inspirée et sans qui ma formation « Écrire un livre en 1 semaine » et ce livre, n'existeraient pas.

Merci à mon petit frère de cœur Arnaud Bostyn pour ton précieux soutien.

Merci à mon pote Bernard Boucquey pour ton aide logistique dans le cadre des formations à Marbella.

Merci Anne Durant pour le projet innovant d'écriture collective avec les enfants de l'école.

Merci pour les témoignages de Dr Sandra Tassart, Paulette Devalet, Laetitia Galand, Séverine Sibille, Emilie Gomez, Amaury Hermanns, France André, Catherine Vandergeten, Christine Gilles et Cédric Dufour.

Merci à toi ma chère et tendre amie Martine Verhaege de Naeyer.

Merci au Dr Didier Decamps et son équipe pour la collaboration dans la concrétisation du projet « chatbot d'auteur(e) ».

Merci Wolfgang Sievert pour tes conseils avisés.

Merci à Ingrid Aubry et Jean-François Vivian d'Alternalivre pour votre collaboration continue et bienveillante.

Merci à Philippe Sombreval pour la couverture du livre et Filip Van Wezemael pour la collaboration précieuse en tant qu'imprimeur.

Merci à Sabrina Pezzei pour ton soutien, ta bienveillance et tes recommandations.

Merci Valérie Pels pour mon inclusion dans la team Reda'Com.

Merci à Nathalie Marcon des Editions Poussière de Lune, pour nos échanges bienveillants et précieux en matière d'édition.

Et un grand merci à toutes les personnes qui ont croisé mon chemin car d'une façon ou d'une autre, vous avez contribué à ma réussite !

Merci

À propos de l’auteure

Muriel Dessy a vu le jour le 18 janvier 1963 à Bruxelles, et bien que sa situation actuelle soit positive, son passé n'a pas toujours été aussi rayonnant. Elle a traversé une enfance marquée par des épreuves et des défis considérables. Cependant, un moment décisif est survenu dans sa vie à la suite de sa participation à un séminaire de développement personnel. À ce moment précis, une révélation s'est manifestée, devenant claire et évidente dans son esprit, la poussant à amorcer une transformation radicale de son existence. Son but ultime était de trouver le chemin vers le bonheur, l'épanouissement et de donner du sens à ce qu’elle entreprenait.

Aujourd'hui, elle a atteint pleinement ces objectifs et se consacre à aider autant de personnes que possible qui aspirent également à améliorer leur quotidien. Muriel nourrit une grande passion pour la lecture, l’écriture et éprouve une profonde affection pour l'enseignement. Son premier ouvrage, intitulé « Ne lis pas ce livre, vis-le ! » reflète sa volonté de partager ses connaissances avec un public plus large. Elle a débuté sa vie en suivant les directives de ses parents, une trajectoire commune à bon nombre d’entre nous. Elle a pris conscience que ce mode de vie peut engendrer du mal-être voire des maladies chez certaines personnes, une réalité qu'elle a elle-même expérimentée. C'est pourquoi elle a choisi de partager sa vision et son expérience pour contribuer à l'amélioration de la vie de chacun et chacune, en utilisant les moyens à sa disposition.

Muriel Dessy a écrit plusieurs livres pour partager ses idées et aider les autres à surmonter leurs propres défis. Son deuxième ouvrage, intitulé « La tyrannie de la perfection » propose des solutions pratiques pour faire face à ce problème qui peut être très anxiogène.

Son troisième livre, inspiré par la recherche d'aide de Mister Lilo pour amplifier l’impact de ses dessins, s'intitule « Je suis ce que je choisis. Bien manger, l’affaire de tous » démontre encore une fois son engagement à aider un maximum de personnes.

Dans son quatrième livre, celui que vous tenez entre les mains, Muriel vous présente « Ceci n'est pas une carte de visite, c’est bien PLUS ». En faisant un clin d'œil malicieux à René Magritte, célèbre artiste de nationalité belge comme notre auteure, elle bouscule avec finesse les conventions. Pour Muriel, qu’est-ce qu’une carte de visite ? Juste un morceau de papier éphémère qui finit trop souvent oublié ou égaré. Mais un livre, voilà un cadeau de valeur, une empreinte durable dans l'esprit de son interlocuteur(rice). Avec ce concept révolutionnaire, Muriel nous invite à redéfinir nos moyens de communication pour leur donner plus d'impact et de profondeur.

Ce n'est pas simplement un livre, ni simplement une carte de visite ; c'est un appel au courage et à la créativité pour tous ceux qui portent en eux l'envie d'écrire mais qui hésitent à se lancer. « Chacun a une histoire à raconter, des expériences à partager », nous rappelle-t-elle avec conviction. Et si, en plus de servir de carte de visite singulière et marquante, écrire un livre pouvait devenir un levier pour se mettre en avant, pour mieux vendre et vendre plus ? Alors, qu'attendez-vous ? Muriel vous encourage à prendre la plume. Elle prouve une fois de plus que l'écriture est accessible à tous et que chaque récit mérite d'être partagé.

Si vous souhaitez la contacter, soyez assuré(e)s qu'elle accueille toujours avec enthousiasme l'opportunité d'échanger avec ses lecteur(rice)s. Actuellement, Muriel Dessy réside entre Trivières, en Belgique, et Marbella, en Espagne.

Pour communiquer avec Muriel, voici quelques pistes :

https://www.facebook.com/murieldessyauteure/

https://www.linkedin.com/in/muriel-dessy-auteure/

Muriel.dessy@gmail.com

AutoEditAlliance@gmail.com

www.murieldessyauteure.com

Pour commander : « Ne lis pas ce livre, vis-le ! » :

Pour commander : « La tyrannie de la perfection » :

Pour commander : « Je suis ce que je choisis. Bien manger l'affaire de tous »

Couverture : Philippe Sombreval - www.sombreval-design.be

Imprimé par : Van der Poorten nv – Filip Van Wezemael

Dépôt légal : Mai 2024

1er tirage : Mai 2024

Publié en autoédition

D/2024/Muriel Dessy, éditrice.

ISNI : 0000 0005 1428 1955